COLLECTION FOLIO

François Garde

La baleine dans tous ses états

Gallimard

© *Éditions Gallimard, 2015.*

Né en 1959 au Cannet et haut fonctionnaire, François Garde est l'auteur de *Ce qu'il advint du sauvage blanc*, inspiré d'une histoire vraie, et couronné par neuf prix littéraires dont le Goncourt du premier roman 2012, ainsi que de *Pour trois couronnes*, *La baleine dans tous ses états* et *L'effroi*.

Pourquoi celui qui a attaché à son char l'éléphant intelligent ne pourrait-il atteler à son canot la stupide baleine ? Est-il plus aisé de la percer, au milieu des glaces, avec un harpon, que de la captiver par des bienfaits, comme les autres animaux domestiques ?

BERNARDIN DE SAINT-PIERRE

Qui aujourd'hui se soucie des baleines ?

Longtemps, je les ai négligées. Je ne les recherchais pas. Et je n'avais pas conscience de leurs retours répétés. J'en croisais parfois d'infimes traces mais je ne les voyais pas. Je croyais ne rien connaître d'elles, et ne m'en souciais guère.

Ce fut aux îles Kerguelen, je crois, que pour la première fois je devins attentif. Peu importent les motifs qui m'avaient conduit là-bas, à contempler la seule usine baleinière édifiée sur un sol français. Fouetté par de glaciales bourrasques de pluie, j'en parcourais les ruines et devinais confusément la fin d'une épopée. Ces bâtiments penchés, ces restes de ponton, de doris ou de voie ferrée, cette herbe rase jonchée de clous et de charbon, même ce ciel bas et gris, tout dans ce paysage désert murmurait une histoire. Il me suffisait de tendre l'oreille, puis, le soir venu, d'écrire.

Pourtant ces quelques feuillets ne parvenaient pas à restituer la vérité du lieu : l'anecdote masquait un monde. Je voulais raconter un épisode de la chasse à la baleine, sans savoir grand-chose de l'une ou de l'autre, et ma plume rebelle m'entraînait au fond des océans.

J'affûtais mon regard.
Impossible d'aborder la baleine comme on aborde un sujet — ou une île. Elle se refusait à moi, ne se laissait pas saisir. Je découvrais sa pudeur, ou sa discrétion. Que devais-je faire de ce vague intérêt pour un animal toujours en fuite ?

L'homme et la baleine ne se fréquentent pas. Leurs rencontres sont hantées par la mort — baleines échouées ou scènes de chasse, de dépeçage dans des flots de sang — ou se réduisent à des éclats fugitifs — un souffle, une bosse sur la mer, au mieux un saut, une volte. La vie des baleines se déroule hors de notre vue. Sous l'eau les voyages, les amours, les naissances, les jeux...
« Le soleil ni la mort ne se peuvent regarder fixement », relevait La Rochefoucauld. La baleine, à peine. Nul ne peut la contempler en entier. Il faut se contenter d'aperçus, de fragments, au mieux d'une ombre.

Au fil des hasards qui tissent nos jours et nos nuits, j'ai appris à percevoir les échos de son absence. J'ai scruté l'océan à la recherche de l'indice le plus ténu, de l'infime aperçu d'une nageoire, du résidu d'un évent que la brise disperserait. J'ai contemplé la sur-

face des flots avec une avidité, une tension qui me surprennent moi-même.

Il me semble que, si je parviens à l'effleurer du regard, à croiser un instant son chemin, j'en serai subtilement transformé. Mais pourquoi ? De quel apaisement suis-je ainsi affamé ?

Guetter du haut d'un phare ou d'une falaise celles qui peut-être passent à l'horizon serait s'abandonner à une illusion. C'est en sachant s'il le faut me détourner des océans que je pars en quête de la baleine. Ses confidences les plus intimes n'ont pas toujours besoin d'eau salée. J'irai le nez au vent et au gré des rencontres. Dans les villes, les châteaux et les églises. Dans les chansons et les rêves. Dans les musées et les commerces. Dans les grimoires et les cartes. Au détour d'une usine ou d'un restaurant. Au rebours d'un dictionnaire. Dans les cieux, et même au-delà des étoiles.

Peu à peu, j'observe son influence sur moi. Son calme, sa sagesse se révèlent contagieux. Par quelque obscur processus, sa fréquentation, même lointaine, m'apporte le sentiment bien connu des navigateurs : celui d'être sorti d'une zone de tempêtes — rien d'autre pourtant que les banals orages d'une vie contemporaine — et, dans une baie abritée des vents et de la houle, de pouvoir abaisser mes défenses et me laisser aller.

Entre la baleine et moi, entre les hommes et les cétacés préexiste un lien, une vibration singulière.

La baleine vit et meurt à la marge de notre monde. C'est dans cette marge que j'écris.

La baleine me parle en français, à voix très basse, à peine audible, et je ne suis pas certain de bien entendre. Elle me parle de la nature, de nous les humains, et de moi, qu'elle semble bien connaître. Elle me parle un peu d'elle.
Je tends l'oreille, et je tremble, je tremble de peur, de honte, parfois de joie, et surtout lorsqu'elle paraît vouloir se taire. Qu'importe que je comprenne de travers ! Il faut qu'elle continue à s'adresser à moi. Je dois m'assurer que le fil ténu qui nous unit n'est pas rompu.

Ni savant ni navigateur, je dois faire plus d'efforts pour parvenir à distinguer son message. Rien ne compte plus pour moi, illégitime, que de le recueillir et de le transmettre. Mon silence est tout enchevêtré de respect et de crainte, de remords et d'admiration, et du sentiment très sûr de notre parenté. Si je décidais follement d'être sourd, je perdrais l'occasion de me réconcilier enfin avec elle, et toutes créatures vivantes.
Ce que dit la baleine m'oblige à être moi.
En écoutant la baleine, il me semble retrouver ma juste place dans les affaires du monde.

Un patron pêcheur en route vers le port range ses poissons dans des caisses pour les proposer à la criée. À sa façon, je mets en ordre mon maigre butin : des mots ; des mots pour dire la baleine, dans tous ses états.

I

L'ANIMAL

1

Rires

En visite chez des voisins, je vais admirer leur nouveau-né dans son berceau. Il gazouille sagement, enfoui sous des couches de draps et couvertures. Sa main vient de lâcher une baleine fuchsia. Quel oncle, quel parrain imprudent a-t-il offert pareil cadeau ?

Parmi les peluches destinées aux tout-petits, la baleine figure en bonne place : moins que l'ours, le lapin et, étonnamment, la girafe ; mais plus que le dauphin ou tout autre animal marin, ou tout oiseau.

Elle se résume à une boule avec des yeux rieurs et un sourire béat. Une large nageoire caudale permet la prise en main. Et peut-être le nourrisson qui s'endort entend-il dans son rêve rire la baleine qu'il serre contre lui.

La baleine provoque une empathie spontanée, l'image de quelque chose d'imprécis, mais de doux, mais de paisible, mais d'enveloppant : non pas un géant des mers insensible à la vie des hommes, mais le contraire d'une menace, un confort douillet, un cocon, une présence énorme et apaisante. Malgré son poids, l'animal est inoffensif, et ne semble pas dangereux. Point de griffes, de dents tranchantes, de dard, de venin, ni même de muscles roulant sous la peau. Un corps arrondi, enrobé de graisse, fait pour des mouvements rares et lents.

La rencontre d'une baleine et d'un nouveau-né dans son lit me semble aussi aventureuse que celle, sur une table de dissection, d'une machine à coudre et d'un parapluie. Les parents qui offrent un tel cadeau ne s'inquiètent pas de cette incongruité. Ils n'y voient ni menace ni malice. S'ils savaient… S'ils savaient tout ce que l'animal amène avec lui, de risques et de rêves, d'aventures et de drames, ils arracheraient aussitôt des mains du bébé l'innocente peluche et la jetteraient par la fenêtre.

Mais la baleine sourit, ou rit. Cette apparence rassure. Ne dit-on pas rire comme une baleine ?

Dans la maison, le motif de la baleine s'esclaffant se décline sur une infinité de supports : rideaux de douche, draps, serviettes, taies d'oreiller, tabliers, paillassons, cartables, boîtes de tous formats, carreaux de céramique… Elle y est stylisée, réduite à une bulle, des yeux ronds et une bouche, simple virgule à l'opposé de la queue. Vêtue d'une joyeuse livrée monochrome — bleu ciel, orange, rouge framboise, jaune d'or ou vert pomme —, elle ne prétend pas au réalisme. Rien en elle n'évoque la mer, la chair, la chasse ou les tempêtes, sauf peut-être un certain tropisme pour la salle de bains. Tel le chat du Cheshire dans *Alice au pays des merveilles*, la baleine a disparu presque entièrement, ne nous laissant que son rire supposé — et ce qu'il faut de corps pour que ce rire fasse sens.

Les baleines chantent peut-être, mais assurément ne rient pas. Elles n'émettent aucun son dans l'air. Ni leur joie de vivre ni leur sens de l'humour ne sont démontrés. Le peu que nous savons d'elles tourne souvent au tragique. Pourquoi leur comparer un rieur impénitent, compulsif, contagieux ? Par ignorance radicale, ou cette hilarité dissimule-t-elle une forme de gêne ?

Sans doute à raison de la large bouche et des commissures des lèvres remontant haut sur les joues. Qui rit à gorge déployée rapproche son visage — toutes proportions gardées — de celui d'une baleine. Cette comparaison ne sous-entend pas la finesse, ni la connivence. Elle évoque une hilarité un peu niaise, une simplicité sans malice dans le contentement. À tout prendre, je préfère un rire franc, voire benêt, à un ricanement aigre. À tout prendre, mieux vaut rire comme une baleine que comme une hyène.

2
Dents

Au musée d'Archéologie de Saint-Germain-en-Laye, j'admire une dent de cachalot sculptée, qui provient de la grotte préhistorique du Mas-d'Azil, en Ariège, bien loin de l'océan. Deux bouquetins, l'un horizontal, l'autre dressé, y sont représentés avec réalisme.

Les autres objets trouvés dans la grotte sont faits de dents ou d'os de renne, de vache, de cheval. La dent, prélevée sur une bête échouée, a cheminé de main en main depuis la côte atlantique. Fut-elle gravée sur la plage ou au terme de son périple ? Et avec quels outils ? La rareté d'une telle dent, la distance, le travail soigné rendent ce chef-d'œuvre précieux, quelle que soit la notion de prix qu'aient pu avoir ses concepteurs et propriétaires successifs.

Je ne peux croire qu'il ait eu une simple fonction domestique, par exemple comme lissoir. Je le crois noble, admiré, révéré peut-être. Je devine du religieux, du magique, de la puissance pour celui qui le détient, un lien sacré avec la chasse, avec le clan, des rites d'ostension ou des cérémonies propitiatoires, quelque cachette où le conserver en sûreté. Le bouquetin et le cachalot : la montagne et l'océan, l'agilité et le poids… D'autres grottes en Charente ou en Ariège ont livré, inversement, des dessins de cétacés sur des os de renne. Les représentations mentales des hommes de ces temps anciens nous échapperont toujours, et nous laissent libres d'imaginer leurs rêves, il y a douze mille ans.

Devant la vitrine, devant cette dent placée sur un socle habillé de velours gris, éclairée dans sa cage de verre par des lumières diffuses, je la vois comme une relique, et comme une étape dans cette quête que j'entreprends. Jamais son créateur n'aurait pu imaginer qu'elle lui survive aussi loin et aussi longtemps, et qu'elle soit exhibée ainsi, sans pudeur ni distance, pour des touristes de passage et des collégiens turbulents.

Pourtant, dans la proposition que me fait le musée, je crois deviner un point commun avec les hommes de ce temps : à travers une dent de cachalot et la gravure de deux bouquetins, apercevoir autre chose que le reste orné d'un animal mort ; de cette relique, faire un discours.

Le message n'avait pas besoin de commentaires pour ses contemporains. Il nous échappe entièrement, et nous avons juste l'intuition de son existence. Nous n'en avons pas les codes, et cette dent de cachalot célèbre des mystères dans une langue morte.

Malgré tout, quelque chose d'indicible et d'immédiat me relie, depuis Saint-Germain-en-Laye, à une plage atlantique, où, cent vingt siècles plus tôt, un soir pluvieux d'automne, un chasseur-sorcier a procédé à des prières et à des fumigations sur un cadavre échoué et lui a demandé la permission d'extraire la dent. Pendant quelques secondes, chaque visiteur interrompt sa déambulation et ressent ce lien, comme au travers d'une fenêtre dans le temps et l'espace. Il n'identifie pas ce léger trouble qui l'a saisi, ce moment fugace de doute et de communion. Il le convertit en une curiosité banale, ou en émotion esthétique. De cette relique, il fait une œuvre d'art.

Je ne sais pas encore ce que me dit la dent de cachalot du Mas-d'Azil.

Quelques mois plus tard, j'ai découvert d'autres dents gravées, celles réalisées au XIXe siècle par les marins des navires baleiniers. Pendant l'interminable voyage de retour, les matelots confectionnaient toutes sortes de choses avec les dents, les os, les fanons de cétacés. Ils fabriquèrent d'abord des objets utiles : manches de couteau, coquetiers, boutons de porte, gobelets, tringles à rideaux, pelles, boîtes d'allumettes, marques à beurre, pinces à linge, peignes, bagues, bougeoirs, rouleaux à pâtisserie, manches à balai… Ils n'oubliaient pas leurs enfants : poupées, dominos, bilboquets, et autres jouets. Certains même ramenaient des pièces plus considérables pour en faire des tabourets ou d'originales barrières de jardin.

Mais très vite ils remarquèrent l'intérêt des bourgeois pour cette production et imaginèrent des objets pour la vente : coupe-papiers, chausse-pieds, patères, ronds de serviette, boîtes à cigarettes, pommeaux de canne ou cannes entières, armatures d'éventail, touches de piano, cadres de tableau, montures de lunettes, cages à oiseaux, meubles de maison de poupée… Ils réalisèrent également des bibelots purement décoratifs, sur des omoplates et surtout sur des dents de cachalot.

La dent de cachalot gravée connut une assez grande popularité comme objet de curiosité. Les plus remarquables sont ornées d'un navire toutes voiles dehors, ou d'une scène de chasse avec une baleine harponnée, et ne déparent pas les collections les plus prestigieuses, notamment celles du musée national de la Marine. Quelques-unes représentent des scènes religieuses, une procession, une crucifixion, l'église du village. Les plus rares et les plus chères, dissimulées dans les réserves, montrent crûment une virée au bordel.

Ces productions naïves nous arrivent elles aussi d'un passé enfui. Nous en comprenons le sens premier, et en même temps nous ne savons presque rien de ce que furent les vies de ces sculpteurs d'occasion. Eux aussi à leur façon ont disparu dans les brumes du passé, n'ont plus de visage. Leurs heures de gloire et leurs misères nous sont devenues étrangères. Qui aujourd'hui revendique un baleinier parmi ses aïeux ?

Tous ces objets font partie de la camelote. Ce vieux mot n'a pas toujours signifié production en grande quantité et de piètre qualité, mais désignait d'abord le commerce fait par les matelots. Le glissement de sens de ce terme dévalue tout un pan de notre histoire maritime.

Les dents de cachalot gravées des deux musées n'ont jamais été exposées ensemble. Rien ne les relie au travers des siècles. Après avoir vu l'une puis les autres, je leur découvre une parenté qui me trouble.

Graveurs du magdalénien tardif ou matelots du XIXe siècle ont partagé la même ambition : prendre la dent d'un animal mort, et lui faire raconter une histoire.

Je veux à ma façon m'inscrire dans leur suite.

3

Records

«Cet été, plutôt baleine ou plutôt sirène?»
Placardée sur un mur, dans une pâle lumière de mars où les beaux jours semblent encore éloignés, cette affiche publicitaire pour un centre de remise en forme me surprend et me fait m'arrêter sur le trottoir. J'en perçois d'abord la malice, la grossièreté, la goujaterie, la vulgarité mercantile dans ce clin d'œil comminatoire adressé à de futures clientes.

La cruauté ne m'apparaît qu'après. Ce qui se présente comme un choix n'en est pas un. Entre la baleine réelle et la sirène imaginaire, entre la graisse et la grâce, la balance penche, inexorable. Aucun entraînement, aucune stratégie, aucune torture, aucune diète ne permettra jamais de devenir sirène. La baleine n'est convoquée que pour susciter un insupportable sentiment de culpabilité.

Son volume a quelque chose de fascinant. Depuis l'Antiquité, les récits de voyageurs décrivent des cétacés toujours plus imposants, plus massifs. Les peintres, les dessinateurs, les cartographes, qui le plus souvent n'en avaient jamais vu, rivalisaient de fantaisie pour créer des monstres aux yeux globuleux, aux nageoires ondulantes, flottant au-dessus des eaux, énormes auprès d'un navire déventé destiné à donner l'échelle.

Des cartes postales de la Belle Époque montrent des baleines échouées, entourées de messieurs en gilet et de dames chapeautées, placés de telle sorte que l'animal paraisse plus stupéfiant encore. En 1885, une baleine s'est échouée au Luc-sur-Mer, dans le Calvados. Après avoir attiré l'attention des curieux pendant quelques jours, elle a été dépecée, son squelette nettoyé et reconstitué orne le parc municipal, et une Maison de la baleine fait toujours la fierté de cette petite station.

Dans les années 1960, une baleine naturalisée, étrangement baptisée Goliath — suggérant ainsi quelque lien souterrain entre les cétacés et la Bible… —, fut promenée de ville en ville, attraction de foire à l'intérieur de laquelle on pouvait déambuler pour un prix modique.

Et en janvier 2013, lorsqu'un rorqual de belle taille vient s'échouer aux Sables-d'Olonne, il s'ingénie pour arriver deux jours avant le vainqueur du Vendée Globe, et s'assurer ainsi une exposition médiatique à rendre jaloux un ministre. Journalistes et badauds procèdent aux mêmes photographies que leurs collègues du siècle dernier, avec toujours un promeneur à côté de la carcasse, pour en faire ressortir les dimensions.

Oui, la baleine est grosse : le plus gros animal au monde, y compris en tenant compte de feu les dinosaures. La baleine bleue (*Balaenoptera musculus*) peut atteindre cent quatre-vingt-dix tonnes, alors que le plus gros animal terrestre, l'éléphant, ne pèse que sept tonnes. Une baleine vaut donc vingt-sept éléphants. Mais qui a déjà vu vingt-sept éléphants ensemble ? Si le poids moyen d'un être humain est de soixante-cinq kilogrammes, alors elle en vaut deux mille neuf cent vingt-trois. Mais comment peut-on visualiser près de trois mille personnes en même temps ? De quoi remplir plus de trois Airbus A 380, ou tout l'Opéra-Bastille…

(Avec l'accord du préfet de police, un soir de gala à l'Opéra-Bastille, amener tout le public sur la place, préalablement fermée à la circulation : les femmes en bijoux et robe du soir, les hommes en costume sombre, téléphone portable à l'oreille ; les entourer avec un ruban de plastique ondulant à la brise du soir, afin qu'ils se serrent comme dans un wagon de métro ; avoir conscience des flux de sang et de bile, des pensées et des arrière-pensées, des ambitions et des doutes, des maladies cachées et de l'appétit de vivre, de la chaleur et des odeurs de cette foule réunie pour Mozart ou Verdi ; puis, avant de les remercier et de leur rendre leur liberté, les survoler en hélicoptère pour visualiser cent quatre-vingt-dix tonnes d'humanité.)

Ce gigantisme de la baleine bleue s'étend à toutes les parties de son anatomie. Elle peut atteindre dix-sept mètres de long. Son évent projette son souffle à douze mètres de hauteur. Sa graisse pèse quarante tonnes, sa langue près de trois tonnes, et son cœur six cents kilogrammes. Sa gueule grande ouverte peut contenir quatre-vingt-dix tonnes d'eau. Ses nageoires mesurent quatre mètres. Son pénis peut dépasser deux mètres, et chacun de ses testicules approcher le demi-quintal…

Cette avalanche de records, au fond, m'indiffère.

La baleine est au sens propre démesurée, hors de notre compréhension. Malgré sa masse, elle évolue dans les océans avec une grâce et une force qui ont toujours rempli d'admiration les marins. Elle atteint des pointes de vitesse de cinquante kilomètres à l'heure. Elle se nourrit de petites crevettes qui passent à travers ses fanons, et les scientifiques ont calculé qu'en une journée elle pouvait en engloutir quarante millions. Elle sait plonger pendant une demi-heure et descendre deux cents mètres sous la surface. Elle vit plus d'un siècle.

Ces mensurations, ces performances sont des leurres. Elles tiennent lieu de barrière, et font obstacle. Contre toute évidence, contre tout bon sens, je veux oublier le poids de la baleine et la regarder, sinon de haut, du moins d'égal à égal. Oui, je veux regarder la baleine en face.

Notre parenté m'importe plus que son énormité.

4

Sur la route de Saint-Pierre

21° 1' S. - 55° 14' E.

En cette fin de matinée, je rentrais de Saint-Denis de La Réunion. La route pour Saint-Pierre, après les falaises volcaniques de la corniche, laisse à main droite la ville du Port sur sa pointe, puis s'élève dans de médiocres collines arides avant de redescendre vers les plages. C'est là, dans ce cap qui domine l'océan d'une cinquantaine de mètres, que je faillis avoir un accident à cause des baleines.

Dans un virage, toutes les voitures étaient arrêtées. Conducteurs et passagers étaient sortis, sans prendre le temps de refermer les portières. Je fis comme eux. Aucune circulation dans l'autre sens.

Ils se tenaient sur une terrasse naturelle facile d'accès, et regardaient la mer. Non loin du rivage, cinq masses énormes, immobiles, d'un gris argenté, se laissaient admirer dans la lumière verticale et sans relief des tropiques. Personne ne parlait, hormis des mères qui expliquaient à voix basse à leurs enfants ce qu'ils découvraient. La foule grossissait, et les voitures continuaient de s'arrêter, de plus en plus loin. L'inexplicable gravité qui nous avait saisis s'imposait à tous, les Réunionnais et les touristes, les livreurs, les retraités, les taxis, les commerciaux, les jolies femmes, les chauffeurs de bus. Beaucoup prenaient d'impossibles photographies : des formes indécises couleur de plomb sur une mer de même, sans rien pour donner l'échelle... Le temps aussi s'était arrêté, les horaires et les rendez-vous n'importaient plus, ni l'agression du soleil au zénith.

Et puis, elles n'ont plus été là. Il a fallu un peu de temps pour que chacun le comprenne, qu'elles ne reviendraient pas, qu'elles se promenaient plus loin, hors de vue et d'atteinte. Et nous sommes repartis silencieusement vers nos voitures et nos journées ordinaires.

L'observation des baleines en tant que produit touristique s'est développée dans la plupart des anciennes zones de chasse. Dans le golfe du Saint-Laurent, à Saint-Pierre-et-Miquelon, aux Antilles, à La Réunion, à Mayotte, en Nouvelle-Calédonie, en Polynésie française, d'entreprenants capitaines proposent aux curieux de les emmener voir les cétacés. On peut encore faire de l'argent avec les baleines.

Pour ceux qui sont sujets au mal de mer, elles se laissent admirer depuis la terre ferme, mais les sites qui s'y prêtent sont peu nombreux, et les probabilités faibles : le cap La Houssaye à La Réunion ; le cap N'Dua tout au sud de la Nouvelle-Calédonie et moyennant quelques heures de marche ; le cap de Bon-Désir, sur les mille deux cents kilomètres de la « route des baleines », en côte nord du Saint-Laurent.

Mieux vaut embarquer, et profiter du plaisir d'une

croisière. Souvent des dauphins folâtrent devant l'étrave et amusent les plus jeunes, mais ils ne sauraient voler la vedette à leurs lourdes cousines.

À l'arrivée dans la baie, comme au temps de la chasse, des guetteurs veillent et guident le bateau. Les spectateurs sont là comme au zoo, sauf qu'il n'y a pas de clôture et que le succès aléatoire de la sortie ajoute le piment du hasard. Et puis une forme grise apparaît au loin, ou un souffle. Un cri, un bras tendu dans la bonne direction… l'excitation monte et le bateau se rapproche de sa cible. Un autre le rejoint, un troisième, et la baleine se trouve comme une diva à la sortie d'un théâtre, entourée voire cernée d'une foule d'admirateurs éperdus.

La baleine ne se montre pas comme sur les gravures anciennes, le corps presque entièrement sorti de l'eau. Selon sa fantaisie elle laisse apercevoir son dos, sa queue, parfois l'ombre d'un baleineau nageant contre sa mère. Rien de très spectaculaire à voir ou à raconter, rien qui puisse donner lieu à de belles images.

Et pourtant, tous les humains présents à bord partagent une émotion inédite et confuse. Sans que leur ait été donnée aucune consigne, ils se taisent et observent.

Parfois la baleine joue le jeu, se fait cabotine, souffle, vient au navire, se glisse au-dessous. Ou bien, sans s'éloigner, elle soulève une nageoire latérale et frappe la surface, ou sonde en remuant la queue, ou saute pour une volte élégante. Comme un soliste généreux qui donne plusieurs bis à la fin d'un concert, elle fait se succéder toutes les figures de son répertoire. Pour quelque incompréhensible raison, elle réagit à notre curiosité et semble vouloir la contenter.

Quelle mystérieuse alchimie se noue dans cet échange muet ?

À l'évidence, la baleine parle, et nous prêtons l'oreille. Sensible à notre présence, elle ne fuit pas et ses gestes nous sont destinés. Sur les bateaux, les enfants lui font de grands signes de la main et lui envoient des baisers. L'absence de langage commun n'interdit pas le dialogue.

5

Classements

À quoi ressemblait la nature avant Linné ? À un fouillis indescriptible. Hormis une centaine de plantes et d'animaux familiers, les bois étaient emplis de bêtes furtives et mystérieuses, de buissons et de fleurs anonymes, d'insectes zonzonnants, stridulants, rampants, volants, d'ombres sous l'eau calme, d'oiseaux en bande fuyant indistincts. Dans cette composition effrayante, où tout se mêlait et se confondait, les créatures ambiguës — chauve-souris, corail, salamandre, lichen, chenille, mulet, orvet, dugong, gui, loup-cervier, mousses, chat haret… — côtoyaient celles des rêves — dragon, mandragore, sirène, phénix, sphinge… La raison s'y perdait, le voyageur loin de chez lui ne reconnaissait rien et s'épouvantait. Plantules et bestioles surgissaient, infiniment plus nombreuses que les oiseaux et poissons créés le cinquième jour et les animaux terrestres le sixième jour, plus variées que tout ce que Noé avait pu embarquer dans son arche.

Depuis Aristote, les savants ont tenté de mettre de l'ordre dans cette jungle taxonomique. Leurs descriptions se bornaient à des catalogues, jamais achevés, et qui n'expliquaient rien. Leurs collections, leurs cabinets de curiosité, leurs récits de voyage ajoutaient des animaux aux animaux et des plantes aux plantes, mais pour en faire quoi ? Buffon, né la même année que Linné, classe les animaux en fonction de leur utilité pour l'homme, d'abord le cheval, ensuite le chien. Jean-Jacques Rousseau, à peine plus jeune que Linné, herborise comme don Juan séduit, sans vision d'ensemble, pour le plaisir d'enrichir son herbier. Mais il ne tire rien de ces feuilles séchées entre les pages.

Enfin Carl von Linné vint. Dans ses *Systema naturæ*, il voit la nécessité d'un classement ordonné et global. Il regroupe les espèces voisines en genres, les genres en familles, les familles en ordres, les ordres en classes, les classes en divisions, les divisions en embranchements, les embranchements en règnes.

Cette méthode permet d'assigner à chaque espèce une position unique, logique, incontestable. Dans le règne animal, et en dégringolant de quelques degrés dans l'échelle, dans la classe des mammifères, dans l'ordre des cétacés, dans le sous-ordre des mysticètes ou baleines à fanons, dans la famille des balénoptéridés, dans le genre des balénoptères, je peux épingler, de manière certaine et définitive, à la seule force de la Raison, les cent quatre-vingt-dix tonnes de la baleine bleue.

Et, dans cette logique, par une audace inouïe, *Homo sapiens* trouve sa place dans la famille des primates. L'homme n'est plus la mesure de toutes choses, l'univers ne tourne pas autour de lui, il participe à son exacte place au grand concert des êtres vivants.

Chaque espèce est désormais précisément désignée et précisément rangée dans sa fiche, dans sa boîte, dans son étagère, dans son bureau, dans son étage, dans son bâtiment. La classification et la dénomination linnéennes s'appliquent sans difficulté aux espèces disparues, voire aux espèces imaginaires. Je vois passer une licorne ? Je la range dans la classe des mammifères, dans l'ordre des périssodactyles, dans la famille des cryptoéquidés, dans le genre des cryptoéquins, et baptise l'espèce *Unicornis albus*, voire *Unicornis unicornis*. Et son statut taxonomiquement parfait ne souffre aucune critique.

Muni de la lanterne qu'il a forgée pour notre entendement, je peux aller vers la nature et y regarder de plus près.

Voilà les mammifères, animaux à sang chaud, avec des poils, dont les mères nourrissent les petits avec du lait produit par les mamelles. La classe des mammifères se divise en protothériens et thériens.

Je salue au passage l'ornithorynque, non pas une figure de rhétorique mais un protothérien monotrème. Dans la sous-classe des thériens, la pittoresque branche australienne des métathériens compte notamment le koala et les kangourous.

Les autres mammifères sont des euthériens. Les ordres de cette sous-classe abondent, et pour la plupart portent fièrement des noms qui résonnent comme ceux de troupes d'élite dans Xénophon ou Thucydide. Avancez, les pholidotes caparaçonnés (pangolins), les prudents xénarthres (fourmiliers, tatous), les rapides chiroptères (chauves-souris), les lents et forts proboscidiens (éléphants), les siréniens amphibies (dugongs)! D'autres sont plus connus, les primates, les rongeurs, les carnivores. Je remarque au passage les seuls autres mammifères marins, les habiles pinnipèdes (phoques, otaries).

Voilà enfin l'ordre des cétacés. Il est partagé en deux sous-ordres, les mysticètes ou baleines à fanons — baleine franche, baleine à bosse, baleine grise, baleine pygmée, et toutes les variétés de rorquals — et les odontocètes ou baleines à dents — globicéphale, orque, narval, marsouin, bélouga, et toutes les espèces de cachalots et de dauphins.

Je peux donc mesurer la distance qui nous sépare d'elles : la même qu'avec la souris, ou la chauve-souris. Et je sais aussitôt que c'est faux. Radicalement faux. Cette vérité scientifique ne pèse d'aucun poids, ne m'explique rien. La systématique m'égare, et me fait bâiller.

Je remercie Carl von Linné pour ses fiches cartonnées et son vocabulaire latin, et je continue.

6

Rues

Le matin de mon anniversaire, ma fille, amusée par ma quête, voire un peu moqueuse, me téléphona pour me signaler une place de la Baleine au cœur du vieux Lyon. Une rue de la Baleine à Saint-Jean-de-Luz, soit. Mais à Lyon?

Il me fallait comprendre. Je fouillai les bibliothèques avec acharnement. Au hasard de mes lectures, je trouvai deux explications antagonistes.

Pour les géologues, le glacier du Rhône, qui des milliers d'années plus tôt descendait des Alpes jusqu'à la future capitale des Gaules, comme l'attestent les blocs erratiques arrachés aux parois des plus hauts massifs et abandonnés là, aurait aussi transporté quelque fossile de baleine. Ces restes retrouvés auraient donné le nom de la place. Mais nul ne vit oncques la moindre trace du supposé antique cétacé lyonnais. Aucun musée ne présente le plus infime fragment d'un *Paleocetus lugdunensis*. D'ailleurs, la place de la Baleine s'appelait ainsi bien avant que la paléontologie ne commence à se constituer comme science.

Évidemment, protestent les historiens. Pour eux, cette place doit son nom à quelque taverne médiévale à l'enseigne du dauphin, en hommage au Dauphiné voisin. Le patron pouvait venir de cette province, ou en espérer la clientèle en l'alléchant par ce signe de reconnaissance. Les Lyonnais, par ignorance, par indifférence zoologique, ou par ironie, auraient surnommé l'estaminet La Baleine. Cette version me parut trop parfaite pour être entièrement convaincante.

Ce sentiment d'insatisfaction m'incita à poursuivre l'enquête en descendant vers la mer. À Bourg-Saint-Andéol, je découvris encore une rue de la Baleine. Cette seconde trace, dans une paisible petite ville du Vivarais, me troubla profondément. Certes, je pouvais imaginer un autre aubergiste médiéval qui lui aussi aurait guetté les voyageurs dauphinois. Mais aucun élément matériel, aucun témoignage ne vient accréditer cette reconstruction imaginée pour les besoins de la cause, et qui ne peut être indéfiniment redoublée.

Quel point commun entre Lyon et Bourg-Saint-Andéol, autre que le voisinage du Dauphiné ? Le fleuve. Cette place et cette rue sont à proximité de ses berges. Pêcheurs et bateliers savaient de quoi ils parlaient, ou ce qu'ils avaient vu. Leur témoignage, même indirect, pèse.

Le Rhône n'a pas livré tous ses secrets. Je poursuis encore son cours et arrive à Tarascon. La terrible tarasque, vaincue par sainte Marthe, s'est réduite aujourd'hui à un monstre grotesque qui n'effraie même plus les enfants, une exhibition touristique.

Au XIIIe siècle, Jacques de Voragine dans la *Légende dorée* écrivait : « Il y avait, à cette époque, sur les rives du Rhône, dans un marais entre Arles et Avignon, un dragon, moitié animal, moitié poisson, plus épais qu'un bœuf, plus long qu'un cheval, avec des dents semblables à des épées et grosses comme des cornes ; il se cachait dans le fleuve d'où il ôtait la vie à tous les passants et submergeait les navires. » À quel animal cette description peut-elle s'appliquer ?

Trois indices minuscules. Je me dois de les relier, de leur donner un sens. Le hasard ne peut être invoqué à toute force et contre toute raison. De Lyon en Camargue court cette infime rumeur, apparemment absurde, indécelable à qui ne tend pas l'oreille. Un animal mystérieux, aperçu entre les Alpes et la Méditerranée. Une bête aquatique dont les travailleurs du fleuve confirmaient discrètement la présence.

Je ne peux pas complètement démontrer qu'autrefois le Rhône a vu passer des cétacés. Mais alors quel est ce lent mouvement ondoyant qui parcourt le fleuve ?

7

Jonas et le gros poisson

Je croyais que la Bible parlait de baleine. Mais non. Le livre de Jonas n'évoque rien d'autre qu'un gros poisson. Il est vrai qu'en Méditerranée le prophète n'avait guère de risque de se faire avaler par une baleine. Avalé par un dauphin ou un thon rouge, alors ? Cela n'aurait pas fait sérieux.

Pourtant, la tradition l'a répété continûment. Loin de moi l'idée sacrilège de corriger l'Ancien Testament. Mais je me rangerai contre la lettre du texte à ce qu'a retenu la tradition populaire. Et je ferai de ce gros poisson une baleine, ce qui après tout n'est pas totalement scandaleux, si je m'abrite derrière l'autorité d'Aristote pour classer la baleine parmi les poissons. Je me tiens à deux doigts de l'hérésie et du bûcher, mais du bon côté. Et je vois désormais une baleine engloutir le prophète Jonas.

Les noms des quatre prophètes majeurs, Isaïe, Jérémie, Ézéchiel et Daniel, sont peut-être encore vaguement familiers. Mais qui peut citer les douze prophètes mineurs ? Qui se souvient d'Osée ou d'Amos, d'Habacuc ou de Zacharie ? Ces porte-parole de l'Éternel apparaissent au mieux comme une théorie de vieillards chauves et ronchons, remâchant des admonestations que personne n'écoute; des statues alignées au tympan des cathédrales, toutes identiques quand je les regarde en me tordant le cou depuis le parvis.

Parmi les prophètes mineurs, un seul échappe à l'oubli. C'est Jonas, grâce à la baleine.

Qui est-il vraiment? La Bible n'en dit mot, seulement qu'il est «fils d'Amittaï» (Jon, 1 : 1).

Quel âge a Jonas? Un tout jeune homme ivre d'aventures et de voyages, ou un vieillard rassis, perclus de rhumatismes? Est-il marié, régnant sur ses femmes et ses enfants, ses domestiques et ses esclaves, ou seul, sans attaches ni attentes? Nous ne saurons rien de lui. Il conserve une pudeur toute méditerranéenne sur sa maison. Sa vie privée ne nous regarde pas.

Je l'imagine en bonne santé, eu égard aux épreuves qui l'attendent et dignes d'un athlète olympique, mais peut-être l'Éternel a-t-Il choisi un malade, brûlant de fièvres, épuisé par le mal de mer, brisé de fatigues et de misères, se traînant appuyé sur un bâton par les sentiers et les rues.

Est-il riche, avec des terres, des chameaux, des caves emplies du fruit de ses récoltes, négociant avisé et sage tenant ses comptes, ou misérable? Voit-il loin, avec des relais dans tous les ports et toutes les villes du Moyen-Orient, lançant ses caravanes plus loin encore, vers la Chine mythique et ses soieries, l'Afrique fabuleuse et son ivoire, les îles brumeuses d'où vient l'étain? Ou ne connaît-il du monde que les collines poussiéreuses où paissent ses trois moutons, les crêtes de cyprès et d'oliviers qui entourent sa ferme? A-t-il seulement déjà vu une baleine?

Pourquoi l'Éternel choisit-Il le fils d'Amittaï, parmi tous les Hébreux, pour accomplir cette mission à Ninive? Amittaï est également cité dans le Livre des Rois (2 R, 14 : 25), mais là encore seulement comme le père de Jonas, avec cette précision qu'il était originaire de Gath-Hepher, à quelques kilomètres de Nazareth et de Canna. De très modestes ruines y ont été mises au jour. La tradition y situe la tombe de Jonas.

Son Livre s'arrête brutalement aux portes de Ninive. Il ne vaut pas biographie. Jonas avant ou après l'appel n'a-t-il aucune importance? Il ne devient prophète que par l'ordre qu'il reçoit, et pour le temps de sa mission. L'Éternel a-t-Il choisi au hasard Son envoyé?

L'élection fait le prophète. Elle le sort pour un temps de sa vie ordinaire et le délaisse après usage, mission accomplie. Dans cette errance, outre la gloire insurpassable de quelques pages dans la Bible, gagne-t-il au moins une prime? des points de retraite? L'Éternel, qui lui a fourni une baleine pour revenir vers le but qu'Il lui avait assigné, lui a, je l'espère, au moins proposé un tapis volant ou un chameau magique pour revenir à son point de départ. Ces détails d'intendance ne figurent pas dans le Livre.

Jonas aime négocier, que ce soit avec l'Éternel, avec le capitaine et les matelots du navire sur lequel il embarque, avec les puissants de Ninive. Il parle sans doute plusieurs langues. Il a l'habitude de la mer, puisque les vents violents et la tempête ne l'effraient pas et qu'il peut dormir profondément quand les marins sont pris de panique. Il a mauvais caractère, puisqu'il ose prendre très mal la bienveillance de l'Éternel envers Ninive, et son orgueil le pousse alors, puisqu'il s'estime désavoué, à Lui demander de lui ôter la vie. Il est impitoyable, puisque la destruction d'une ville entière lui semble légitime.

J'entends les nuances de sa voix : Jonas est en colère quand il s'adresse à l'Éternel, impérieux pour prêcher les Ninivites, bon camarade avec les marins, désespéré dans le ventre du gros poisson… Peu de personnages de la Bible jouent ainsi sur autant de registres. Il sait les utiliser tous, comme un acteur, ou comme un espion.

Jonas est un homme d'action. Son histoire est dépourvue des élans poétiques du Cantique des Cantiques ou des visions de Jérémie. Il quitte sa maison pour Jaffa, Jaffa pour Tharsis, la plage où la baleine le recrache pour Ninive. Jonas se déplace, connaît le monde des quais et des ports, harangue la foule et le roi. Le Livre dit sa stupéfaction devant les dimensions de la métropole qu'il découvre : il lui faut trois jours de marche pour la parcourir en entier, et elle compte cent vingt mille habitants ! Jonas est un voyageur.

Il est libre, assez libre pour désobéir à l'Éternel.

Il doit aller à Ninive ? Il s'enfuit et embarque pour la direction opposée. Les marins tirent au sort pour savoir qui leur porte malheur. Ainsi Jonas joue aux dés ou à la courte paille avec l'Éternel, et il perd, bien sûr, dans son face-à-Face. Il finit par obtempérer. Et quand le Tout-Puissant ne met pas Ses menaces contre les Ninivites à exécution, il L'admoneste avec vigueur, comme pour dénoncer la violation d'un contrat. Jonas est un marchand.

Il ne veut pas que les marins périssent par sa faute, lui qui est le seul à savoir pourquoi cette tempête s'est subitement levée. Il va dormir dans sa cabine, pendant que l'équipage se débarrasse de tout le fret par-dessus bord. Cette attitude le désigne comme suspect. Jeté à la mer, son sang ne retombera pas sur ses meurtriers. Il n'est pas ému par le sort des habitants corrompus de Ninive, mais il l'est par un buisson que l'Éternel fait périr sans raison. Jonas n'est pas commode, mais il est un Juste.

Quand Jonas décide de ne pas obéir à l'injonction du Très-Haut, il prend soin de mettre la plus grande distance possible avec Lui — trop humaine, cette tentative pour échapper au destin que Dieu lui assigne. Pour Jonas, Son pouvoir décroît avec l'éloignement de la Judée. Jonas est un déserteur.

Jonas n'est pas dans une fuite éperdue, irraisonnée, improvisée. Il ne monte pas dans le premier bateau ou sur le premier chameau venu. Il choisit la voie maritime, la plus rapide à son époque, mais prend le temps de négocier les conditions de son passage avec le capitaine. Il sait où il veut aller, mais pas à n'importe quel prix. La géographie lui importe, puisqu'il sait situer Ninive, pour prendre la direction opposée. L'Égypte, la Grèce, la Sicile, Carthage sont encore trop proches, il lui faut franchir le détroit qui sépare l'Afrique de l'Europe et faire route vers Tharsis.

Tharsis est le seul port de l'Atlantique mentionné, à plusieurs reprises, dans la Bible. Nul ne sait où se situait exactement cette ville disparue, proche de l'embouchure du Guadalquivir, non loin de l'actuelle Séville. Au départ de Jaffa le trajet fait plus de trois mille kilomètres, et l'on ne pouvait en son temps concevoir plus ambitieux voyage par la mer ou par la terre. Tharsis représente un bout du monde, une ultime frontière, une destination extrême, un périple absolu. De Jaffa à Tharsis : il n'y a pas, dans la Bible, d'itinéraire plus long. Jonas ne donne pas d'autres limites à son désir de fuite que les bornes du monde. Mais au milieu de son parcours, son évasion se brise sur une tempête, et sur une baleine qui le ramène à son point de départ.

S'il avait atteint Tharsis, eût-il échappé à la volonté de Dieu ? Et que serait-il advenu de lui plus tard ? Et qu'eût fait la baleine inutile ?

Les errances de Jonas parcourent la totalité du monde de son temps. Les autres prophètes font du surplace : immobiles, ils déchirent leurs vêtements, se couvrent la tête de cendres, prophétisent à la porte du palais ou du fond de leur prison, quasiment sans bouger. Leur immobilité spectaculaire donne du poids à leur prédication. Leur univers se révèle étroit, aussi abstrait et figé qu'une scène de théâtre où un arbre symbolise une forêt, et un fauteuil la salle du trône. Même un intellectuel comme Job voyage verticalement de l'abondance à la misère, mais sans se déplacer. Jonas va.

Nul ne sait ce que firent Jonas après le succès de sa mission à Ninive ni le gros poisson après avoir recraché Jonas — et donc accompli la sienne. Peu importe que Jonas se rende au Yémen voir la reine de Saba ou à Sidon pour acheter des étoffes, des esclaves, des parfums, de l'ivoire et de la myrrhe. Ayant soldé ses comptes avec l'Éternel, le tourisme ou le commerce ne lui sont plus interdits. Le gros poisson, lui, peut se promener en Méditerranée orientale, passer en mer Noire ou en Atlantique, remonter vers le Spitsberg ou le golfe du Saint-Laurent. Jonas et la baleine ne savent pas rester immobiles. Ils sont mouvement.

La Bible, ce dialogue entre l'Éternel et le peuple élu, n'évoque guère le monde animal. On y trouve des moutons, des ânes, des mulets, plus rarement des chevaux, des lions ou des éléphants; des colombes, un aigle; des poissons d'eau douce. Les bêtes qui vivent dans l'eau salée, celles qui n'ont pas eu besoin de l'arche de Noé, sont à peu près absentes. Ce bestiaire naît du Proche-Orient, de ces terres caillouteuses et poussiéreuses où sont apparues les religions du Livre.

Contrairement aux Phéniciens, les Hébreux ne s'aventurent pas sur la mer. Noé n'a pas d'autre choix que de se laisser porter par les eaux, mais ne navigue pas — ou si mal… Lorsque Moïse arrive devant la mer Rouge, entre mille miracles possibles, Dieu choisit d'écarter les flots, pour qu'il puisse passer à pied sec sur le sable. Combien devait être forte la volonté de Jonas d'échapper à Sa volonté, pour qu'il ose, seul de tout l'Ancien Testament, embarquer et voyager sur la mer !

Jonas doit sa renommée à la baleine. Mais sans lui, la baleine serait un animal quelconque, qui jamais n'aurait servi les desseins célestes. Chacun accomplit la destinée de l'autre.

8
Échouages

Alors que je descends vers la mer, par cette petite rue étroite qui se termine en escalier, juste avant le dernier virage d'où l'on voit se déployer toute la baie et les îles au loin, un gamin d'une douzaine d'années, visiblement désemparé, me hèle :

« M'sieur… M'sieur ! Y a un troupeau de baleines échouées sur la plage ! »

Je suis secrètement flatté de l'appel pressant de cet enfant, qu'il ait choisi de mettre la situation entre mes mains. Je ne vais pas le décevoir. Vite, il va falloir faire quelque chose, évaluer la scène, donner une alerte précise, prendre peut-être les premières mesures d'urgence, rester à la disposition des autorités, et s'il le faut des journalistes.

Régulièrement des cétacés viennent à la côte et y agonisent. Ces drames soulèvent toujours beaucoup d'émotion, surtout lorsqu'ils impliquent de nombreux individus. Ils ne sont pas encore morts, peut-être pourra-t-on les sauver : les arroser, leur faire de l'ombre, les caresser, tenter d'en ramener un sans le blesser vers le large en espérant que les autres suivront — mais le plus souvent l'animal qui après des heures d'efforts aura été sorti de la baie retourne auprès des siens et finit comme eux. Hors de la mer, les os ne peuvent plus soutenir le poids des chairs, et les baleines s'étouffent inexorablement, malgré tous les soins prodigués.

L'émotion du public est d'autant plus forte que nul ne sait expliquer ces comportements collectifs. Nous tenons orgueilleusement à ce que le suicide reste un privilège de notre espèce. Il y faut donc une cause extérieure, et l'on incrimine les sonars des navires, les sous-marins, la pollution des eaux… en tout cas une action agressive de l'homme moderne sur la nature. Ces catastrophes seraient notre faute, fruits amers de notre technologie et de notre développement.

Pourtant de tels comportements sont documentés dans les textes les plus anciens, dès le Moyen Âge. Soit, mais leur fréquence augmenterait. Faute de chiffres fiables, le débat est sans fin, et le procès du progrès jamais clos. L'échouage est l'action volontaire d'un capitaine qui met au sec son navire, dans une cale de halage, ou en manœuvre de détresse en cas, par exemple, d'incendie. L'échouement est le résultat d'une erreur de navigation et est sanctionné comme une faute grave. Les baleines qui se jettent à la côte font-elles un échouage collectif, ou sont-elles entraînées par l'échouement de leur chef ? Nul ne peut le dire.

Les méduses que l'on retrouve par centaines étalées sur le sable ou les courses folles des lemmings ne provoquent pas les mêmes réactions. Ces bêtes sont assez bêtes pour crever, tant pis pour elles. Rien de tel pour les cétacés. Comment mieux démontrer l'immédiate proximité de l'homme et de la baleine ?

Et que voulons-nous nous faire pardonner, quand nous tentons de les remettre à l'eau ?

Sous l'œil implorant du gamin, je presse le pas, je tourne l'angle de la dernière maison et balaie d'un coup d'œil la plage enfin visible en contrebas. Point d'animal échoué. Le ressac l'aurait-il remporté ? Rien non plus qui flotte entre deux eaux.

Et puis je comprends : cinq respectables duègnes font la sieste, allongées sur leurs serviettes de bain.

Le galopin et sa bande se tordent de rire en voyant ma mine déconfite, et s'enfuient aussitôt pour éviter les taloches qu'ils méritent.

9

Mains

Isabelle Autissier parle, et je regarde ses mains.

Elle me raconte cette matinée de décembre 1998. Sur son monocoque *PRB*, elle participait à la course autour du monde Around Alone. Encore quelques jours à remonter le long de la côte ouest de l'île du Nord de la Nouvelle-Zélande, passer le cap Reinga et redescendre vers le sud et l'escale programmée d'Auckland. La course ne l'avait pas épargnée jusque-là. La mer calme et le beau temps revenu laissaient enfin présager une de ces journées sans histoire, où le navigateur solitaire peut s'abandonner à d'heureuses routines, reprendre des forces, et pendant quelques heures baisser sa garde. Point de navire sur cette mer loin des grandes routes et des côtes, point de cyclone ou de tempête annoncés, un voilier bien réglé qui atteint vaillamment ses dix nœuds, l'air léger du matin…

Soudain un choc très violent. Le monocoque tressaute et s'arrête, comme s'il avait heurté un haut-fond.

Les baleines n'entendent pas les voiliers, et des

collisions peuvent survenir. Dans la préparation d'un tour du monde en solitaire, il importe d'éliminer tous les aléas. Isabelle avait travaillé avec des cétologues à un dispositif de prévention, familièrement surnommé klaxon à baleines. Mais aucune des solutions imaginées n'avait abouti : trop lourde, trop complexe, trop bruyante, trop peu fiable... Faute de mieux, elle était partie avec divers équipements qui lui permettraient de réparer, depuis l'intérieur, les dommages les plus prévisibles.

Après le choc, la baleine avait sondé, déployant sa queue vers le ciel comme un au revoir narquois ou sa signature sur un constat d'accident. D'elle ou de la navigatrice, laquelle des deux avait eu le plus peur ? Pendant qu'Isabelle inspectait les dégâts, la mer se couvrait d'une large tache, non pas de sang mais de merde — réflexe de panique du cétacé.

Isabelle parle, et je regarde ses mains. Je n'imagine pas ces mains calmes mouliner un winch, recoudre une voile, saisir un bout, tenir la barre des heures durant. Dans les mers froides qu'elle affectionne, je suppose qu'elle enfile des gants de laine ou de soie, puis des moufles — mais les vagues et le vent commandent, et je doute qu'elle ait toujours le temps de les protéger comme il faudrait, ou de les oindre de crème. Qu'elle navigue en solitaire ou en bonne compagnie, seules ses mains peuvent relayer ce que son expérience et son intuition lui suggèrent et donner ses ordres au voilier. Ses mains aujourd'hui se reposent. Elles ne traduisent pas la force, mais la volonté.

Isabelle inspecte son navire, et ne constate pas de voie d'eau ni de dégât majeur. Néanmoins, dans la collision, l'un des safrans, pourtant solidement arrimé, avec une mèche en carbone de quinze centimètres, a cédé. Les pièces prudemment embarquées lui permettent de fabriquer un safran de fortune et de le positionner sous le tableau arrière. Au bout de deux heures d'efforts, son navire est à nouveau manœuvrant, elle peut reprendre la course pour Auckland, où elle apprend qu'elle est première.

Après de telles émotions, elle aurait le droit de moins aimer les baleines. Pourtant non. Du Kamtchatka à la péninsule de Valdès, du Groenland aux îles subantarctiques, au mouillage ou en route, elle se souvient de chaque rencontre comme de l'un de ces cadeaux que seule la mer peut vous offrir. Elle aussi, elle avant moi, a succombé à leur charme.

Elle réfléchit à cette attirance, et improvise à ma demande une explication. Par leur masse hors de proportion, par leur vie largement mystérieuse au fond des océans, elles nous paraissent venir d'avant le Déluge. (Et je ne suis pas vraiment surpris de voir apparaître à nouveau la Bible, et le Livre de la Genèse.) Éternelles, immuables, pacifiques, elles ont été décimées par l'homme, et nous savons qu'elles n'ont commis aucun crime.

Isabelle parle, et je regarde ses mains. Les ongles coupés court, les doigts fins, la paume étroite, le poignet menu : rien ne suggère les manœuvres, la force physique, la résistance aux éléments. De ses aventures, course au large ou traversée intégrale à pied des Kerguelen, elles ne conservent aucun stigmate. Coupures, gerçures, brûlures, engelures n'ont laissé aucune marque. À plusieurs reprises, elles ont sauvé la vie d'Isabelle et, humblement, elles se réchauffent contre une tasse de café, dans ce bistrot du XIXe arrondissement où nous nous retrouvons, parmi les touristes et les familles.

Ses camarades masculins arborent volontiers leurs cicatrices, et à terre conservent souvent bonnet, barbe et une seule boucle d'oreille. Ces attributs du marin à la ville me font penser à quelque comédien qui après le spectacle sortirait encore grimé, pour s'assurer que les passants le reconnaissent. Isabelle n'a pas de ces coquetteries. Loin des ports, l'incognito lui sied.

Après l'escale d'Auckland, elle mène la course en tête, jusqu'à son chavirage, le 16 février 1999. Elle passe de très longues heures dans la coque retournée et inondée de son voilier, avant d'être secourue par Giovanni Soldini. Je suis tenté d'imaginer que sa fortune de mer serait la conséquence ultime de sa rencontre avec une baleine, mais n'étant pas architecte naval je ne peux deviner si le safran bricolé a favorisé son naufrage. Après cette épreuve elle confirme sa décision d'abandonner la course en solitaire.

Pour le coup, je refuse le rapprochement avec Jonas : la tempête du Pacifique Sud et la tempête que Dieu provoque en Méditerranée ; le temps immobile dans le ventre de *PRB* la quille en l'air et les trois jours dans le ventre du gros poisson ; le prophète qui cesse de se refuser à l'Éternel comme elle cesse de naviguer seule ; la prophétie faite aux Ninivites comme elle nous alerte sur nos erreurs face à la

Nature… Elle ne rend de comptes qu'à elle-même et je ne veux ni l'enfermer dans une comparaison trop raisonnante ni l'importuner d'une indiscrète curiosité.

Elle est aussi présidente du WWF France, et me signale le concept d'animaux-parapluies. Ces espèces, emblématiques d'un biotope, et qui attirent spontanément la sympathie du public, permettent de défendre leur niche écologique dans son ensemble. Les coléoptères, les mouches, les petits mammifères, les lézards et les libellules en profiteront dans leur ombre portée, à travers leur prestige médiatique. Se battre pour la survie des grands singes, des ours polaires, des pandas, des lémuriens ou des tigres conduit à protéger les forêts d'Afrique, le Grand Nord, la jungle chinoise, les plateaux de Madagascar et les savanes de l'Inde. Dans le jargon militant de la conservation, ces animaux sont les parapluies sous lesquels s'abritent leurs plus modestes, mais non moins indispensables, commensaux.

La baleine fait partie des animaux-parapluies, et défend la cause des océans. Et moi de m'esclaffer devant cette assertion : la baleine et le parapluie… Isabelle, toute à sa démonstration, d'abord surprise, sourit de mes excuses.

Un peu plus tard, elle bout de colère en évoquant le Japon. Comme les ports de la côte nord-est de l'île d'Honshu ont une tradition séculaire de chasse à la baleine, une partie des fonds consacrés à la reconstruction après la catastrophe de Fukushima ont servi à financer les très controversées campagnes japonaises de chasse réputée scientifique en Antarctique, voire à en combler les déficits. Détournement de fonds publics ou cynisme d'État? Peu importe. Là encore, les baleines ont bon dos.

J'ai le privilège de la connaître depuis plus de dix ans, et je ne sais rien d'elle. Isabelle parle, et je regarde ses mains. Point de bagues, ni de vernis à ongles, évidemment. Comment était-elle à vingt ans? Rêveuse ou première de la classe, hippie ou révoltée? Jupe plissée et chemisier blanc? Robe à fleurs, sandales et cheveux longs? Elle s'est orientée vers de solides études d'ingénieur. Quelle place tenait la mer dans sa vie, à l'âge de tous les choix? Et les cétacés?

Et soudain je prends conscience d'une différence forte et secrète entre elle et moi. Isabelle aime les vraies baleines, je ne m'intéresse qu'à leurs traces. Isabelle parle, et je ne suis pas sûr d'entendre ce qu'elle me dit.

10

En baie d'Hudson

55° 55' N. - 76° 48' O.

Dans le nord du Québec, la grande rivière de la Baleine et la petite rivière de la Baleine coulent lentement plein ouest jusqu'à la baie d'Hudson, dans des paysages de toundras et de marécages, envahis de moustiques pendant le bref été arctique. Quelques chutes d'eau constituent les seuls accidents de leur cours. Puis elles se figent et s'endorment, ensevelies sous la glace et la neige pendant l'interminable hiver. À l'embouchure de la grande rivière se dresse le village de Kuujjuarapik, d'environ cinq cents habitants, majoritairement inuits. À une centaine de kilomètres au nord se situe l'embouchure déserte de la petite rivière de la Baleine, qui a parcouru trois cent quatre-vingts kilomètres depuis le lac d'Iberville.

Sur les cartes québécoises, elles se sont longtemps appelées rivière de la Grande Baleine et rivière de la Petite Baleine. J'ai longtemps rêvé sur cette rivière-ci, et sur la petite baleine. La géante des mers aurait une petite cousine, de la taille d'une raie manta, d'un turbot, d'une sardine, d'un poisson rouge…

Un fabricant de chemises conçoit un modèle, puis il l'agrandit et le rapetisse pour satisfaire toutes les tailles et tous les segments du marché. De la même manière, pourquoi la baleine, qui occupe toutes les niches écologiques jusqu'au XXXL, aurait-elle dédaigné de descendre jusqu'au XXXS ? Puisque le cèdre majestueux sait devenir bonsaï sur la table du salon, la petite, la toute petite baleine doit pouvoir lui tenir compagnie dans son aquarium d'appartement, avec quelques glaçons en guise d'icebergs et de banquise. Quand la toute petite baleine soufflerait, son évent de quelques centimètres se remarquerait à peine. Et là-bas, tout au nord du Québec, elle ne se chasserait pas au harpon, mais à l'épuisette.

Lorsque j'appris l'existence de la baleine pygmée (*Caperea marginata*), j'eus le sentiment que mon intuition se confirmait. Certes mal connue, difficile à classer dans l'album de famille des cétacés, vivant dans l'océan Austral, aux antipodes de la baie d'Hudson, elle pouvait, elle devait être le chaînon manquant vers la toute petite baleine du Canada. Je rendis grâces aux universitaires de Nouvelle-Zélande qui l'ont fait sortir de l'anonymat. Hélas, je devais ensuite apprendre que la baleine pygmée mesure quand même plus de six mètres de long. Le cachalot pygmée (*Kogia breviceps*) peut atteindre trois mètres quarante et près d'une demi-tonne. Le cachalot nain (*Kogia sima*), quoique encore un peu plus petit, se révèle plus grand qu'un homme. Chez les cétacés, ou chez ceux qui sans imagination leur donnent des noms, la miniaturisation reste relative.

Point abattu par cette fausse piste, j'étais prêt à lancer une expédition de recherche, à faire campagne pour cette espèce méconnue et menacée, à fulminer contre l'indifférence des autorités canadiennes à la conservation de cette icône de la biodiversité, lorsque je compris, un peu tard, que rivière de la Grande Baleine et rivière de la Petite Baleine n'étaient que des traductions fautives de *Great Whale River* et *Small Whale River*.

Cette erreur suggère en tout cas que les premiers toponymes européens furent donnés par un anglophone. J'ignorais encore leurs noms autochtones, et je doutais qu'ils fussent aussi simplistes et dépourvus d'imagination. Après tout, la Seine et la Loire ne s'appellent pas grande rivière de la Vache et petite rivière de la Vache.

Deux rivières de la Baleine, donc, pour un anglophone venu du nord, par la baie d'Hudson. Dans les monotones paysages des côtes plates et sans arbres du bouclier canadien, en juillet ou en août, quand la mer enfin libre laisse les navires embouquer la vaste échancrure qui s'ouvre vers le sud, pas beaucoup d'autres repères que ce cours d'eau se jetant paresseusement à la mer, et, deux ou trois jours plus tard, cet autre. La vigie en tête de mât, scrutant ces côtes non cartographiées dans la lumière blanche de l'été nordique, ne pouvait les manquer. Le capitaine a dû choisir le premier nom qui lui vint à l'esprit; et pour l'autre fleuve, plus grand et pourtant si semblable, le même nom suffirait, en jouant sur l'adjectif.

Pourquoi la baleine ? Avait-il vu quelque cétacé

sonder, souffler, plonger en fouettant les flots de sa queue ? Les eaux peu profondes et protégées des estuaires, favorables à la mise bas et à l'éducation des petits, grouillaient-elles de baleineaux veillés par leur mère ? Peut-être, dans cette mer grise, le choix de ce nom avait une vertu propitiatoire : non pas l'embouchure où il avait vu des baleines, mais celle où il espérait en voir, ou même, en un sursaut de pensée magique, susciter leur présence par ce baptême...

Toutes les îles au trésor ne recèlent pas de trésor, le grand océan n'est pas pacifique, ni les espérances toujours bonnes au-delà des caps. Tous les explorateurs n'ont pas l'amère lucidité requise pour dénommer leur découverte *Deception Island*, quelque chose comme île du Désappointement, ou îles de la Désolation.

Désillusion en effet, lorsque j'appris enfin que les noms anglais n'étaient que la traduction fidèle des noms en inuktitut, langue dans laquelle ils indiquent des lieux où abondent les bélougas. Mais je ne laisserai pas la magie des cartes anciennes être écornée par une réalité aussi plate que ces paysages arctiques.

Je préparerai minutieusement mon expédition. Je savourerai de longues promenades à l'embouchure de la rivière de la Petite Baleine, malgré les nuées de moucherons et l'inconfort du campement que j'aurai installé à la lisière d'une forêt de bouleaux, nains eux aussi. Chaque année s'il le faut je patrouillerai inlassablement l'estran, le bord de la rivière et celui de la baie. La cueillette de myrtilles et de canneberges à peine sucrées, qui ne se résignent pas à mûrir, constituera ma seule récréation. Je glanerai le soir ce qu'il faudra de bois mort pour faire un feu et, avant de m'endormir, alors que le soleil bas sur l'horizon s'apprêtera à reprendre sa course ascendante, je relirai le cardinal de Retz. Et, un beau matin d'août, dans les vaguelettes qui brisent contre le flot d'eau douce, dans cet entre-deux de sable gris et de remous contraires, baigné de la lumière laiteuse d'un jour sans fin, je finirai bien par apercevoir, à peine plus grosse qu'une crevette grise, la petite, la toute petite baleine…

11

Charogne

Par un beau matin de 1988, le maire du François m'appelle : « Monsieur le sous-préfet, une baleine morte s'est échouée sur la plage. » Je décommandai une réunion sans importance, et une heure après le rejoignis sur le site. La marée avait abandonné un cadavre de cinq mètres de long, au cuir noir et luisant, une bête morte depuis plusieurs semaines. Sa masse fut estimée à une dizaine de tonnes. Nous ne savions pas exactement à quelle espèce elle appartenait, et d'ailleurs peu nous importait. Comment nous débarrasser de son importune présence ?

Avec un dépit partagé, nous constatâmes que, deux ou trois cents mètres plus au nord, elle eût abordé la Martinique sur la commune du Robert, dans l'arrondissement de Trinité. Un autre sous-préfet, un autre édile eussent été alertés. Mais enfin, elle était là, et pour nous.

Le maire fit valoir que la bête gisait sur le domaine public maritime, donc sur la propriété de l'État que je représentais, et que l'État pilotait également les questions d'environnement. Je lui rétorquai que la baleine, morte ou vive, *res nullius*, n'appartenait à personne, et que, maire, il avait la police de la salubrité, bientôt menacée par ces chairs en décomposition. Nous tombâmes d'accord : les controverses juridiques ne nous aideraient pas beaucoup. Mieux valait s'entraider.

Je passai quelques appels dans les milieux scientifiques et naturalistes. J'y appris que notre cétacé devait être un globicéphale (*Globicephala melas*), qu'il avait sans doute été blessé par les hélices d'un cargo, avant de dériver jusqu'à mon arrondissement. Vivant, il eût passionné mes interlocuteurs. Mort, il ne les intéressait guère.

Le vent tourna, venant de la mer et se chargeant des effluves de la charogne énorme. On ne pouvait la laisser là, à empuantir le voisinage pendant des semaines. L'enfouir dans un trou ? Tous les tracteurs communaux tirant ensemble ne l'ébranlèrent pas d'un millimètre. La rejeter à la mer, pour qu'elle reprenne sa dérive et aille s'échouer Dieu sait où, à la Barbade, à la Dominique, à Sainte-Lucie ? Plusieurs barques de pêche réquisitionnées par le maire y rompirent leurs aussières. Nous devions nous rendre à l'évidence : le cadavre n'était pas délicatement posé sur le sable, mais fiché sur des pointes de corail invisibles, qui le clouaient sur place.

La foule des voisins et des curieux commençait à s'amasser : étonnés, rigolards, et peu à peu vaguement inquiets, en reniflant les remugles qui atteignaient leur maison et l'école de leurs enfants. La presse locale arriva, avide de déclarations que nous étions bien en peine de faire. «J'ai obtenu le concours de l'État», répétait le maire non sans habileté. Et le trop jeune représentant de l'État, dans son premier poste territorial, promenait son embarras sur la plage, en se demandant que faire, et quoi répondre aux journalistes.

Si j'avais eu un peu plus de métier, je n'aurais pas hésité à joindre des collègues, pour partager cette responsabilité, ou le préfet, pour en recevoir des ordres. Mais, présomptueux, j'imaginai qu'une telle démarche serait un aveu d'incompétence. Je ne partagerais avec personne la gestion de cet amas de chairs pourrissantes.

J'avais appris deux ou trois choses à l'ENA, mais rien sur les baleines. L'absence de cours de cétologie pour les futurs hauts fonctionnaires reste une carence incompréhensible, inadmissible et, hélas, toujours d'actualité.

Impossible de déplacer la baleine. Impossible d'attendre plusieurs semaines que les prédateurs en tout genre fassent leur œuvre. Si la tête avait été quelque peu attaquée et grignotée pendant la dérive en mer, le reste du corps, bien à l'abri derrière un cuir épais, demeurait intact. La solution m'apparut alors : il fallait briser cette carapace pour ouvrir un chemin à l'appétit des charognards. Je devais faire exploser la baleine.

J'obtins le concours des autorités militaires, qui d'abord crurent à un canular. En l'absence de tout précédent, personne ne savait comment réagirait la bête. L'arme du génie, qui maîtrise le maniement des explosifs, fut chargée de me prêter son concours. Et si ce plan improvisé méritait la critique, personne ne m'en proposait un meilleur.

Le lendemain, un capitaine — de bonne composition quoique très légèrement sceptique — et sa section avaient pris position. Nous tînmes un bref conseil de guerre : quelques pains de plastic devraient suffire, l'officier fit de savants calculs de masse pour en déterminer la quantité. Mais comment les introduire dans l'animal mort ?

Cette difficulté supplémentaire provoqua un long débat. Devenu, par la force des choses et faute de concurrent, expert en pétardage de baleine, j'expliquai qu'il suffirait de faire un trou, avec une tarière ou une chignole. « Certes, convint le capitaine, mais qui va s'en charger ? — Désignez un de vos hommes. — Ils sont soldats, pas bouchers ! — Mais si personne ne veut s'en occuper, je fais quoi ? J'évacue la moitié de la commune ? »

Son sergent finit par trouver un volontaire — un caporal attiré par l'étrangeté de la mission. Deux camarades l'aidèrent, non sans mal, à se jucher sur le dos de la bête. Il s'assit à califourchon et empoigna l'outil qu'ils lui firent passer. La pointe en glissait sans cesse sur le cuir humide, et les ricanements des badauds piquèrent au vif sa vanité. Il concentra son effort, appuya avec l'énergie de qui joue sur une seule séquence sa réputation et celle de son régiment, et finit par percer un trou.

L'intérieur de la bête avait fermenté en climat tropical pendant plusieurs semaines, sans aucun contact avec l'extérieur. L'orifice foré par le caporal permit de rééquilibrer les pressions : un geyser de matières liquides en décomposition s'éleva pendant une longue minute vers le ciel azur, en une macabre caricature de souffle. L'odeur pestilentielle nous fit presque tourner de l'œil. Et tout ce flux d'humeurs et de glaires pourrissant retomba lentement, en pluie fine, sur le caporal stupéfait. Il eut le réflexe de la fuite, et sauta aussitôt dans l'eau turquoise pour se débarrasser de cette puanteur collée à son treillis et à ses cheveux pourtant courts.

Mais il considéra qu'il n'en avait pas encore terminé avec la baleine. À peine débarbouillé et sorti de l'eau, il alla chercher les pains de plastic, remonta sur son dos, et les y inséra au plus profond, plongeant le poing jusqu'à l'épaule. Il déroula le cordon qu'il remit au sergent, et retourna se laver dans les vagues.

Après qu'il nous eut rejoints, et que les gendarmes eurent établi un périmètre de sécurité, je lui laissai l'honneur de la mise à feu. Ce fut sa revanche sur la mauvaise plaisanterie du globicéphale à son endroit. Il appuya.

Pendant un bref instant, il ne se passa rien. J'admirai la sérénité du capitaine. Puis la détonation retentit, la baleine vibra d'un spasme presque immobile, et elle explosa. Des morceaux de chair décomposée furent projetés dans un rayon d'une cinquantaine de mètres. L'odeur de pourriture tomba sur nous comme un second coup de massue. Des femmes se mirent à crier. Le maire sembla un instant décontenancé.

Je regardai à nouveau. Le cétacé avait été sinon

pulvérisé, du moins réduit en morceaux d'une taille raisonnable, pendant à des lambeaux d'ossements. Les barques de pêcheurs vinrent en remorquer les plus importants vers un récif au large. Il ne restait plus sur la plage souillée que des flaques de viande et de cuir, qu'un tracteur vint recouvrir de sable. Je remerciai et félicitai les militaires.

Ces marins pêcheurs, ces employés communaux, ces soldats du génie avaient obéi aux ordres. N'ayant eu aucune part à la conception de la manœuvre, aucune responsabilité autre que celle de leurs gestes techniques, ils pouvaient ce soir-là triompher et s'enorgueillir de leur travail. Pas moi.

À l'aube suivante, presque plus rien ne subsistait de la bête échouée. Les crabes, les oiseaux, les poissons s'étaient régalés du festin offert. Le maire se vanta de son efficacité dans la gestion de la crise, et fut d'ailleurs réélu peu après.

J'aurai dû, le soir même, savourer la fierté du devoir accompli, le goût sucré de la victoire. La puanteur ne menaçait plus la santé des populations. Pourtant, aucun triomphe dans cette élimination. Je ne considérai en rien la baleine morte et échouée comme un ennemi vaincu. La seconde mort que j'avais dû lui infliger m'emplissait, sinon de honte, du moins d'une sensation imprécise et diffuse de culpabilité. Une forme de pudeur m'interdit de raconter toute cette affaire, à l'heure de l'apéritif, à ma femme et à mes amis, un verre de rhum à la main sur la terrasse ourlée de bougainvillées. Et je gardais continûment dans les narines cette odeur affreuse, dont aucune douche ne semblait venir à bout.

J'avais été le fossoyeur efficace d'un globicéphale, en lui offrant une sépulture aux dimensions de l'océan. Je l'avais traité avec la même indignité que les paysans qui, préparant la tombe d'Ophélie, déterrent d'un malencontreux coup de pelle le crâne de Yorick. Quel Hamlet invisible murmurait alors à mon oreille : « Hélas, pauvre Yorick, je le connaissais… » ?

Je ne savais rien des circonstances, naturelles ou accidentelles, de sa mort. Je ne me préoccupais pas de savoir si cette espèce était abondante ou en danger. Ce que j'avais dû faire m'apparaissait toujours nécessaire, et en même temps condamnable. À ma façon, j'avais porté atteinte à la dignité d'un cadavre. Je ne pouvais expliquer ce sentiment à personne, et restai seul la nuit tombée, silencieux, à porter le deuil.

12

Louvre

En 1824, le chevalier Durand, riche amateur qui parcourt inlassablement l'Italie, propose à Charles X d'acheter l'ensemble de sa collection, qui représente « trente ans de persévérance, des milliers de sacrifices pécuniaires et surtout des circonstances qui ne se présentent jamais deux fois dans la vie ». Le roi accepte et, le 2 mars 1825, le musée du Louvre reçoit plusieurs milliers d'objets, parmi lesquels plus de mille sept cents bronzes et une très belle série de vases grecs. Ils y constituent la matrice du département des Antiques, aujourd'hui Antiquités grecques, étrusques et romaines.

Parmi ces acquisitions, un fond de coupe doré du IVe siècle, d'une douzaine de centimètres de diamètre. Entre deux feuilles de verre, un décor à l'or représente Jonas englouti par la baleine, selon le titre donné depuis lors à cette œuvre paléochrétienne. La moitié supérieure figure un navire, la poupe recourbée moins haute que la proue, un seul mât au milieu, une voile latine à deux ris. Trois marins sont accoudés au bastingage. Celui du milieu tient Jonas, ou peut-être l'a-t-il déjà lâché. Du prophète on ne voit que les jambes nues, puisque à mi-cuisses il est déjà avalé.

La baleine commence sous la poupe, avec une queue bifide de poisson. Son corps couvert d'écailles se tord et se recourbe en maints endroits. Deux pattes musclées, semblables à celles d'un gros chien, lui permettent de prendre appui sur le rebord de l'œuvre, de se cambrer vers le haut et de regarder. La force suggérée contraste avec la fragilité de la matière. La tête, tournée vers le haut, dans l'axe du corps de Jonas, porte deux oreilles torses dardées à rebours et des pointes menaçantes sur le dessus. La large bouche sans dents et les yeux en amande achèvent de lui donner un je-ne-sais-quoi de dragon du Nouvel An chinois.

Le regard et les bras des matelots, les rames, les bouts qui tiennent les voiles, les convulsions de la bête, tout est dirigé vers le point de jonction entre elle et Jonas. Circulaire, la composition est en même temps fléchée vers le corps avalé, auquel l'œil est inévitablement ramené. Quelle science dans ce petit objet !

Et il fallait bien un palais de la taille du Louvre pour accueillir dignement la baleine du chevalier Durand.

Certes, d'autres cétacés l'y ont rejointe : un haut-relief du XVIe siècle montre un prophète nu, recraché par une baleine aussi dentue qu'un crocodile, dont seule la tête est représentée sur une série de lignes ondulées figurant la mer ; au-dessous, deux cygnes posés sur une coquille Saint-Jacques s'entrelacent par le cou. Ce rébus anonyme provient du monument funéraire de Philippe de Commynes, dans l'église des Grands Augustins. J'ai trouvé au hasard des salles des tableaux allemands, des gravures italiennes sur le même thème. Une tenture de l'Égypte chrétienne, datée entre les Ve et XIe siècles, en laine et lin, étonnamment bien conservée, montre un Jonas recraché par la baleine et priant, à côté d'un paon tenant une croix.

De tous ces trésors, le Jonas englouti par la baleine du IVe siècle est le plus ancien, à la fois par la réalisation et par l'entrée dans les collections et le plus petit par ses dimensions. La qualité du dessin et la présence d'or entre les plaques de verre suscitent le rêve. Mais ce disque ne peut être le fond d'une coupe, et le chevalier Durand s'y est trompé. Une coupe dont le fond serait plat, de douze centimètres de diamètre ? Où rien ne révèle la soudure nécessaire pour faire tenir les bords ? Et décoré d'une métaphore de la Résurrection, que le buveur découvrirait après avoir englouti les deux litres de vin qu'elle aurait contenus ?

Les historiens modernes supposent que cet objet, purement décoratif, aurait servi à agrémenter un mur, voire à tenir lieu de vitrail. Le thème suggère un usage funéraire : un élément de décor ou d'identification d'une tombe. Ils émettent l'hypothèse d'une fonction apotropaïque.

Apotropaïque ? J'avoue mon ignorance et ouvre un dictionnaire pour y dénicher ce mot rare et sonore, et l'épingler, comme un papillon exotique, dans un recoin de ma mémoire.

Apotropaïque (du grec *apotropein*, « détourner ») : se dit d'un objet, voire d'une attitude, supposé conjurer le mauvais sort et détourner les influences maléfiques. Un talisman, une patte de lapin ou une amulette ont pour leurs adeptes des vertus apotropaïques.

Cette image de la baleine avalant Jonas suggère un contraire invisible, la baleine recrachant Jonas. De même la mort visible est-elle l'envers de la Résurrection attendue. En plaçant cet objet énigmatique au mur d'une tombe, la famille voulait sans doute s'assurer que leurs aïeux ne seraient pas oubliés au jour du Jugement.

Dans cette fragile plaque de verre enserrant un décor à l'or fin, et grâce à l'insatiable appétit du chevalier Durand, je découvre que les baleines sont apotropaïques.

13

Vaches

J'aime les vaches d'abord pour leurs fromages innombrables, et les mille délices qu'on peut faire avec leur lait, leur beurre, des œufs et de la farine. Mais cet amour est plus profond et ne tient pas qu'à la gourmandise. J'aime leur robe, leur odeur, leur langue râpeuse, leurs mouvements lents et calmes. Mais cet amour est plus profond et ne tient pas qu'à l'esthétique. Parce que j'ai grandi en ville et en Provence, où la campagne brûlée par le soleil ne convient guère qu'aux chèvres et aux moutons, une vache, couchée sous un arbre, ou broutant l'herbe d'un pré bordé par un ruisseau, est pour moi promesse d'abondance.

Mais sait-on quand on les regarde que les vaches sont aussi de proches cousines de la baleine ?

Au départ — il n'y a pas de départ, il y a toujours un ancêtre dans la chaîne ininterrompue de la vie depuis son apparition, mais comment faire autrement pour raconter une histoire ? et qui pourrait être ému par une algue unicellulaire baignant dans la soupe primitive ? — au départ donc, après l'extinction des dinosaures, les mammifères jusque-là discrets relèvent la tête, se multiplient, triomphent et se répandent sur terre.

L'une de ces espèces devait ressembler à une loutre ou à un castor. Vivant en bordure des mers ou des étangs, cet ancêtre est connu par des fossiles retrouvés en 1983 au Pakistan. Il a été baptisé *Pakicetus*, ou baleine du Pakistan. Comme la vache, ce petit animal à quatre pattes était doté d'un astragale, cet os du pied que n'ont pas les chevaux ou autres ongulés. Il évoluait dans l'eau, saumâtre ou salée.

Il y a quarante-cinq millions d'années, voilà *Rhodocetus*, ou baleine rouge. Les deux espèces identifiées *Rhodocetus kasrani* et *Rhodocetus balochistanensis* portent respectivement le nom d'un village et d'une province du Pakistan. *Rhodocetus* a encore des membres antérieurs et postérieurs. Les narines se sont déplacées vers le sommet du crâne.

Et je rêve à cette baleine rouge que je ne connaîtrai jamais. Son nom vient sans doute de la colline dont elle fut déterrée, de la couleur poussiéreuse des déserts entre Quetta, Lahore et Peshawar. Je veux pourtant contre toute raison croire qu'en ces temps lointains les cétacés osaient le rouge, l'orange, le violet, le jaune, le bleu, toute une palette de couleurs qu'hélas ils ont abandonnées pour une prudente monochromie. De quelles fêtes et de quels voyages ce gris noirâtre porte-t-il le deuil ?

L'évolution se poursuit au fil des millénaires. Les pattes avant deviennent de puissantes nageoires pectorales ; les pattes arrière, inutiles, rentrent dans le corps et ne servent plus, ni l'astragale ni les autres os qui se soudent sans disparaître. La queue évolue en éventail, pour donner une battue ample et puissante, de bas en haut — alors que chez les poissons elle est latérale — comme chez sa cousine la vache, dont la queue en forme de ficelle ne sert qu'à d'inutiles tentatives de chasser les mouches.

Toutes ces espèces nouvelles évoluent aussi en taille, avec une tendance affirmée au gigantisme. Aucune baleine actuelle n'est aussi menue que son lointain ancêtre des plages protopakistanaises du début du quaternaire.

Les baleines anciennes grossissent, foisonnent, et j'en perds le compte. Ces cétacés antiques, dont on connaît au mieux une dent ou une vertèbre, se multiplient, se dédoublent. Cette abondance de modèles et de formes, d'espèces et de sous-espèces, a quelque chose d'effrayant. Elle suggère une instabilité et une profusion qui nous dépassent absolument, que l'on pourrait accepter chez les insectes ou les bactéries, mais pas pour des animaux de tailles aussi considérables.

La vache est plus proche de la baleine que du cheval, parce que leurs ancêtres ont en commun l'astragale qu'il n'a pas. Il me faut aussi apprendre à voir la baleine comme une sorte de vache aquatique. La vache marine, ou dugong — encore une parente —, qui broute sereinement les herbiers sous-marins des eaux tropicales, aide à rapprocher les deux. Ou l'hippopotame, qui a suivi le même chemin sans aller jusqu'au bout, restant à la lisière de la terre et de l'eau. L'hippopotame, baleine trouillarde ?

La baleine est une vache qui va paître le plancton, les minuscules crevettes. Comme les vaches, les baleines aiment à vivre en troupeaux. Au moment indécis où la rêverie bascule dans le sommeil, je me vois parfois comme leur berger, prêt à les rentrer à l'heure de la traite, à en boire le lait…

J'aime les vaches, et leurs cousines les baleines.

Cette parenté se révèle dans un autre indice : les yeux. L'une comme l'autre ont un regard insondable, serein, doux, rassurant. De quelle sagesse inaccessible est-il le témoin ?

14

En baie de Hienghène

20° 42' S. - 164° 56' E.

C'était un jour d'eau ; un jour d'anguilles et de chevrettes dans la rivière ; un jour de brume et de bruine dans les branches des banians ; un jour où le bruit sourd des houles brisant sur le récif remonte à peine dans la vallée ; un jour où les esprits des ancêtres — non, il ne faut pas parler de ce que font les esprits ; un jour où les feuilles des taros brillent, où les palmes giflées par la pluie se rebiffent, où les pins colonnaires abdiquent au flanc des collines ; un jour où l'eau goutte des toits des cases.

Ce jour-là, le chef de Kudu devait organiser une fête. Il vérifie quelle sera la meilleure date et envoie des messagers dans les tribus alliées, au bord de mer, sur l'autre côte qui a le soleil le soir, et même dans les îles. Beaucoup d'invités sont attendus, et il faudra leur faire honneur. Ceux qui descendront des hauteurs, apportant des ignames succulentes et des pigeons des forêts, raffolent de poisson.

Le chef charge un vieux d'aller pêcher pour les hôtes. Ce vieux habite près de l'embouchure de la Hienghène, et il avait décidé de se construire une nouvelle case sur un îlot. Alors il pêche le matin pour la fête, et ensuite il taille et il plante les poteaux de sa case.

Des parents viennent l'aider pour le lourd poteau central, qui fera sa fierté et la solidité de sa maison. Ils le mettent en position, et le vieux l'enfonce de toutes ses forces. La haute pièce taillée dans un kaori centenaire traverse le sable et le sol de l'îlot, et vient s'enfoncer dans le dos d'un cachalot qui sommeillait.

Réveillé en sursaut, blessé, le cachalot s'ébroue, pousse un cri et disparaît.

Le lendemain matin, le premier jour de la fête, le vieux se réveille et aperçoit, accrochée au linteau sculpté dans un bois de houp qui orne l'entrée, une porcelaine. Tout autour du coquillage, tenus par de minces cordelettes en poil de chauve-souris, des dizaines de minuscules coquilles rondes, nacrées, luisantes, qui lui forment comme un collier d'honneur. Il le décroche, et constate que les poils tressés continuent et forment une sorte de liane solide et sinueuse. Il la suit, l'enroulant autour de son avant-bras. Il traverse ainsi tout l'îlot et parvient au-dessus de la maison du cachalot. Alors il plonge, il va jusqu'à l'animal endormi. Il décroche l'autre extrémité et revient sur la plage.

Il appelle tête le coquillage qui était accroché à sa porte; corps, la longue corde qu'il a suivie et ramassée, et qui forme maintenant un gros écheveau posé sur le sable; et queue, l'extrémité qui s'achève par un nœud tressé. Dans son bateau, il charge tout le poisson qu'il a pêché et cet étrange objet qui reliait sa maison au cachalot. Il traverse la baie et monte à Kudu pour participer à la fête.

C'était un jour d'air; un jour de brise et de senteurs; un jour où le vent léger descend des crêtes et sans raison met en joie; un jour où le soleil ne brûle pas mais caresse; un jour où l'océan étale luit comme un rocher ou le dos d'une tortue; un jour où les esprits des ancêtres — non, il ne faut pas parler de ce que font les esprits; un jour où l'ombre se fait douce et suit les enfants dans leurs jeux, les femmes dans leurs travaux, les hommes dans leurs palabres et leurs siestes; un jour où la voix porte et où il est bon de chanter.

Le vieux de l'îlot dépose le poisson, et sa trouvaille. Tous les autres de la tribu ont apporté des bananes, des cannes à sucre, des chauves-souris, des ignames, des taros de différentes variétés. Et ceux qui descendent de la montagne et ceux qui ont longé le bord de mer amènent aussi des fruits, des tubercules, le produit de leurs chasses et de leurs pêches. Tous ces vivres sont alignés devant la case du chef. Il y aura beaucoup à manger.

Pareille exposition fait honneur à ceux qui reçoivent et à ceux qui sont reçus. Elle témoigne du respect réciproque entre les familles et les clans. Elle garantit l'abondance et la joie, elle éloigne les conflits et les guerres, elle facilite les mariages à venir.

Le vieux de l'îlot présente cette chose qui reliait le cachalot à sa case, la tête posée vers la case du chef, le corps qui serpente tout au long des vivres amoncelés. La fête peut commencer. Elle dure trois jours.

Lorsque tout fut terminé, au moment de prendre congé et de rentrer chacun chez soi, le chef de Kudu prend l'étrange cordelette offerte par le vieux et la coupe en morceaux, afin que chaque clan puisse en avoir un. Les chefs le reçoivent avec gratitude. Une belle porcelaine est fixée à un bout, et le morceau retrouve une tête. Un nœud soigné est fait à l'autre bout, et le morceau retrouve une queue.

C'est ainsi que la très longue corde faite par le cachalot a eu des enfants, plus petits mais semblables à leur mère.

Chaque clan emporte avec soin l'objet ainsi reçu. Il n'a de valeur que par l'échange, et l'habitude se prit de donner ou recevoir de tels objets dans les moments importants de la vie, les deuils, les mariages, les alliances.

Beaucoup plus tard, les Européens arrivèrent dans cette île qu'ils dénommèrent Nouvelle-Calédonie. Ils constatèrent les échanges qui se faisaient avec la transmission de cet objet. Ils y virent, à tort, une forme de troc. Et ils appelèrent monnaie canaque cet objet rituel fait de coquillages et de poil de chauve-souris. Cette monnaie pourtant n'achète rien qui ne soit déjà donné, ne permet pas de spéculer ou de se constituer un capital. Elle ne dénombre pas, ni ne se subdivise. Indifférente au passage du temps qui ne l'enrichit pas, elle accompagne les termes de l'échange des paroles et rend visible le respect qui l'entoure.

Les Européens chassèrent les cachalots, celui de l'îlot de Hienghène et tous ceux de sa famille. Ils les dépeçaient et en faisaient cuire le lard dans des chaudrons sur les plages, insoucieux des tertres et des rites.

Alors débutèrent les jours de cendres. Les journées n'étaient plus d'eau, de feuilles, de terre, d'air ou de froid. Elles n'avaient plus de sens ni d'avenir. Elles rendaient les vieux stupides, ébahis, les enfants malades de maux inconnus, et les femmes stériles. Même les nuits se faisaient hostiles. Le monde grimaçait. Les esprits des ancêtres — non, il ne faut pas parler de ce que faisaient les esprits, puisque le Dieu du Livre est arrivé…

Bien des saisons ont passé. Bien des mémoires se sont perdues. Bien des paroles ont été échangées.

Je suis allé à Hienghène. J'ai cherché la tribu de Kudu. J'ai vu l'îlot. Il m'a raconté cette histoire.

15

Tempêtes

Et que font les baleines pendant les tempêtes ? Nul ne le sait.

Les vents les plus terribles, les ouragans les plus furieux, les houles croisées les plus traîtresses soulèvent des vagues pouvant atteindre vingt mètres. Le record absolu semble être de trente mètres pour les vagues qualifiées de scélérates. Sous la surface, la perturbation de la colonne d'eau ne se fait ressentir que sur une profondeur identique, voire moindre. Les sous-mariniers le confirment : en descendant, ils trouvent très vite sinon la paix, du moins le calme.

Mais recherchent-elles le calme ? Peut-être, lorsque la tempête fait rage, préfèrent-elles venir jouer à la surface dans le chaos des éléments déchaînés ; se faire secouer, ballotter en tous sens, masser par le choc des masses d'eau ; ouvrir grand la bouche et avaler un sabayon inédit, venté, presque pétillant ; profiter de l'élan d'une mer démontée pour sauter plus haut encore ; s'exposer à la pluie battante pour découvrir les bienfaits d'un rinçage à l'eau douce…

Quand gronde la furie des éléments, que l'écume bouillonne, que la mer verdâtre, à force d'être fouettée, mousse comme un thé japonais, que l'horizon a disparu depuis longtemps derrière les embruns, les paquets de mer, les seaux d'eau qui tombent du ciel noir, qu'à bord tout tangue et hurle et menace de se rompre, les marins ont bien d'autres choses à faire que de scruter la surface des flots pour y détecter de la compagnie. Les manœuvres les occupent suffisamment, ou sinon ils sont dans leur hamac ou leur bannette, sans parvenir à dormir ni même à se reposer, attendant seulement que l'épreuve se termine. Pas de vigie dans les nids-de-pie ni d'oisifs sur les ailerons. Et quand bien même, un guetteur ne verrait rien : la surface des flots est devenue illisible, la crête des déferlantes qui s'effondrent sous leur propre poids et les lames de pluie rendent la visibilité quasi nulle et empêchent toute observation. Trente baleines pourraient danser en tous sens juste devant l'étrave que nul ne s'en apercevrait. Et peut-être ne s'en privent-elles pas.

Dans les quarantièmes rugissants et les cinquantièmes hurlants, là où les vents terrifiants s'élancent du cap Horn et font le tour complet des trois océans sans rencontrer aucun continent ni aucune île de quelque importance, dans ces parages que les marins ne traversent jamais sans appréhension ni fatigue, les tempêtes se succèdent sans répit. Et c'est là justement que vivaient les troupeaux de baleines les plus importants : nous ne saurons toujours pas si elles viennent gambader en surface, mais en tout cas les mers démontées ne les gênent pas.

Et sans doute, plus loin encore au nord ou au sud, lorsque l'hiver précoce s'approche, qu'il neige doucement sur une mer plate et point encore gelée, que les paysages et les sons disparaissent dans une brume de coton qu'aucune brise ne déchire, peut-être alors se plaisent-elles à venir en surface se laisser caresser, immobiles, par les flocons, et à devenir, pour quelques instants précieux, baleines blanches.

16

Jonas et Jésus

J'ai cherché des baleines dans le Nouveau Testament, mais en vain. Je n'y ai trouvé que des poissons, des poissons d'eau douce : ceux que Pierre pêche dans le lac de Tibériade, ceux que Jésus multiplie pour nourrir la foule.

Jésus a foulé la poussière des chemins brûlés au soleil de Judée, de Bethléem à Jérusalem, dans l'intérieur, non sur la côte. Il n'est pas allé à Tel-Aviv. (Tant pis pour l'anachronisme.) Aucune scène des quatre Évangiles ne Le montre sur un rivage marin. Comment aurait-Il pu rencontrer des baleines ?

Pourtant, Jésus cite Jonas. Le récit en est fait par Luc (11 : 29-32), et, de manière plus complète, par Matthieu (12 : 38-42) :

Quelques-uns des scribes et des pharisiens lui adressèrent la parole : « Maître, nous voudrions voir un signe venant de toi. »

Il leur répondit : « Cette génération mauvaise et adultère réclame un signe, mais, en fait de signe, il ne lui sera donné que le signe du prophète Jonas.

« En effet, comme Jonas est resté dans le ventre du monstre marin trois jours et trois nuits, le Fils de l'homme restera de même au cœur de la terre trois jours et trois nuits.

« Lors du Jugement, les habitants de Ninive se lèveront en même temps que cette génération, et ils la condamneront; en effet, ils se sont convertis en réponse à la proclamation faite par Jonas, et il y a ici bien plus que Jonas.

« Lors du Jugement, la reine de Saba se dressera en même temps que cette génération, et elle la condamnera; en effet, elle est venue des extrémités de la terre pour écouter la sagesse de Salomon, et il y a ici bien plus que Salomon. »

À travers le nom de Jonas, la baleine montre le bout de l'oreille. Quel est donc ce signe de Jonas que Jésus oppose à la demande malicieuse des pharisiens ?

(Leur question dissimule un piège : si Jésus fait un signe — ou un miracle, les deux traductions sont possibles — le jour du sabbat, Il enfreint la loi de Moïse. S'Il n'en fait pas, Il pourra être traité d'imposteur.

Évidemment, Jésus pourrait faire un miracle. Il a déjà changé l'eau du banquet des noces de Cana en vin et accompli des guérisons miraculeuses. Il pourrait faire apparaître, par exemple, une baleine flottant au-dessus du Temple et la faire tomber à grands fracas sur les murs qui s'écroulent.

La doctrine chrétienne récuse la demande des pharisiens. Dieu pourrait nous convaincre tous et chacun en multipliant les miracles. Face à un prodige extraordinaire et inexplicable, qui ne se prosternerait face contre terre en proclamant la gloire du Très-Haut ? Mais si chaque conversion est due à un miracle, est achetée au prix d'un miracle, que devient la liberté de l'homme ?)

Aujourd'hui, je veux oublier les scribes et les pharisiens, et ne suivre que la baleine. Jésus ne s'est pas laissé enfermer dans leur sophisme irresponsable, et Il leur oppose le signe de Jonas.
Le signe de Jonas est celui de l'obéissance à Dieu. Pas une obéissance militaire, sans retard ni murmures, ni jésuite, *perinde ac cadaver*. Une obéissance intelligente, où l'on peut fuir, discuter, proposer, critiquer; une obéissance rebelle, une discipline critique. Obéir, mais les yeux ouverts. Comme Jonas a accepté de se dénoncer aux marins et d'être jeté par-dessus bord, Jésus a consenti à être livré et crucifié. La liberté individuelle, loin de disparaître, est proclamée par les choix de Jonas. Jonas le négociateur, Jonas le voyageur, Jonas le déserteur est aussi l'homme qui finit par choisir l'obéissance, et y trouve un destin.

À ce premier signe de Jonas, Matthieu en ajoute un autre, les trois jours passés au fond des mers pour le prophète, au tombeau pour Jésus. Leurs histoires semblent en effet parallèles, et Jonas, comme Jean le Baptiste, a été à sa façon un précurseur : condamnation d'un innocent — par les matelots, par le sanhédrin ; mise à mort — jeté par-dessus bord, crucifié ;

descente aux abîmes sans lumières pour trois jours et trois nuits — dans le ventre du gros poisson, dans les entrailles de la terre ; retour dans le monde des hommes — recraché par le poisson ; ressuscité ; transfiguration — Jonas au mauvais caractère devient prophète, le fils du charpentier se révèle fils de Dieu.

Jonas et Jésus empruntent le même sentier, mais pas de la même façon : Jonas y va à reculons. En passant malgré lui par le ventre effrayant de la baleine.

Dans la suite du récit de Matthieu, en un raccourci singulier, Jésus rapproche Jonas de Salomon : la prédication de Jonas a converti les Ninivites, la sagesse de Salomon a convaincu la reine de Saba, et le prophète Jonas comme le roi Salomon ne sont rien à côté de Lui.

Ainsi, Il établit un lien discret entre conversion et voyage. Jonas a voyagé seul, faisant certes un grand détour inattendu, pour prêcher au roi et aux habitants de Ninive. Salomon, lui, est resté immobile, et c'est la reine du Midi, avec sa suite fastueuse, qui est venue à lui des extrémités de la terre. Pour lui l'aventure et la solitude, pour elle le luxe et la foule.

Peu importent le degré de confort et les conditions matérielles. Il faut oser sortir de chez soi, et aller vers l'autre. Tout déplacement pour le compte de l'Éternel est un pèlerinage. Jonas le marin d'occasion montre l'exemple.

L'obéissance et le voyage, voilà le signe de Jonas. Voilà ce que la baleine a fait du fils d'Amittaï. Voilà ce que j'entends du livre de Matthieu.

Mais quoi ? Loin de la baleine, me voilà à disserter métaphysique ! L'habile Jonas m'a emberlificoté, et je m'y suis laissé prendre. Ne pas oublier de me méfier de ce prophète.

Je voulais suivre les traces de la baleine, et de la baleine seulement. Et voilà que Jonas pour la deuxième fois dans ce livre fait irruption sans ménagements, contre mon gré. Il percute mon projet, comme une baleine percute un navire et le fait dériver de sa route. Cette collision imprévue modifie mon cap.

17

Carte

Accrochée au mur de la salle à manger, une imposante carte en couleurs de la Terre trônait sur les déjeuners familiaux de mon enfance. J'avais beau grandir, l'équateur restait loin au-dessus de ma tête. Je ne pouvais voir que l'hémisphère Sud, annonciateur de voyages futurs. Quand je passai de l'école au collège, j'arrivais à peine au bord inférieur du cadre. J'atteignis en même temps la puberté et le cap Horn. Et je quittai la maison natale à la hauteur du tropique du Capricorne.

J'ai revu récemment cette mappemonde. Le bleu cobalt des océans porte quelques noms. Et mon regard ébahi s'arrête, dans l'Atlantique Sud-Est, à une dorsale de la Baleine, sous laquelle je m'étais assis tous les soirs pendant dix-huit ans.

Que savons-nous du fond des mers ? Et pourquoi y mettre des noms ?

Partout et de tout temps, les marins connaissent les profils sous-marins près des côtes qu'ils pratiquent : soit qu'ils redoutent des écueils, des hauts-fonds, des aiguilles, des dangers pour la navigation ; soit qu'ils aient repéré des zones propices au mouillage ou à la pêche. Plus loin au large, que leur importait d'avoir cent ou mille mètres d'eau sous la coque ?

Les grandes découvertes du XVIe au XIXe siècle ont ouvert des mers inconnues. Près de terres encore sans noms et hors des cartes, guetteurs et officiers restaient attentifs à tous les signes : un remous suspect, une accumulation d'algues, des oiseaux volant en cercle au ras des flots…

Au moindre doute, il fallait amener la toile et sonder : envoyer un lest et mesurer la longueur de corde filée ; et recommencer, recommencer inlassablement. Toute erreur se voyait sanctionnée par un naufrage.

Au début du XXe siècle, toutes les côtes étaient relevées, tous les atterrages décrits, toutes les baies hydrographiées, au moins sommairement. Toutes les terres figuraient désormais sur des cartes, hormis quelques vallées perdues de l'Himalaya, de Mongolie ou de Nouvelle-Guinée.

Le fond des océans restait inconnu. Mais pourquoi serait-il moins crevassé, moins soulevé, moins balafré que le plancher terrestre ? Les deux tiers de la surface de la planète se dissimulent aux regards.

L'océanographie naissante s'est penchée sur ce domaine vierge. Et, en sondant loin des côtes, à des profondeurs inconcevables — mille, trois mille, cinq mille mètres… —, les ingénieurs ont peu à peu découvert une topographie aussi complexe que celle des terres émergées. Nous ne connaîtrons jamais que de manière indirecte ces fosses abyssales, ces plaines profondes, ces montagnes englouties, ces plateaux, ces rides, ces volcans naissants. L'établissement de cartes de plus en plus précises a permis de mieux comprendre notamment la circulation des courants et leur rôle dans la grande machine des climats. Les pêcheurs ont deviné de nouvelles zones à exploiter. Les marines de guerre y ont trouvé un terrain de jeu inédit, où dissimuler de furtifs sous-marins.

Pour se repérer dans cet espace, il fallut donner des noms : la toponymie suit la topographie comme le baptême l'accouchement. Dans le *Cratyle*, Platon considère que le privilège de donner des noms relève des dieux et d'eux seuls. J'imagine plus modestement une commission officielle et internationale de toponymie sous-marine, de longues réunions de diplomates solennels issus d'un roman d'Albert Cohen, au bord d'un lac, peut-être à Genève ou à Lausanne. (L'océan Indien est parcouru par une dorsale du Nonante-Est, ce qui évoque irrésistiblement la Suisse romande…)

Sans beaucoup d'imagination, les noms ont glissé de la côte à la mer. Cette orographie emprunte son vocabulaire à la géographie physique. Voilà des montagnes, des plateaux, des canyons. Mais des montagnes que nul n'a jamais gravies, des plateaux où nul vent ne souffle, des canyons que personne n'a jamais contemplés.

Dans ces paysages enfouis dans les ténèbres liquides, seuls les accidents ou les sujets les plus considérables ont retenu l'attention. À terre, l'homme a besoin de se repérer avec précision et baptise généreusement vallons, collines, carrefours ou marais. Plus le pays est utile et peuplé, plus serré est le réseau des toponymes. Les noms sont éparpillés plus densément dans les villes que dans les campagnes, et dans les campagnes de France plus que dans les déserts du Sahara ou les profondeurs monotones de Sibérie. La maille des noms terrestres est kilométrique.

Dans les fonds marins, les noms sont distribués avec une extrême avarice, et par un démiurge myope. Le doigt peut parcourir des centaines de kilomètres sur la carte sans en effleurer aucun. Seul l'intérieur du continent antarctique est aussi anonyme.

Ce petit nombre d'objets géographiques sous-marins ainsi identifiés a été parrainé par une île, une montagne, plus rarement un fleuve ou une ville. On trouve des bassins du Groenland ou des Canaries, un plateau des Kerguelen, une dorsale du Rio Grande, une fosse des Mariannes, un seuil du Cap. L'histoire, la culture, la politique, tout ce qui pourrait donner lieu à polémique a été prudemment évité. Seule exception, une ride du Grand Empereur, qui évidemment court devant la Chine.

Et une dorsale de la Baleine, qui naît devant l'Angola et part au sud-ouest, pour s'interrompre peu avant l'archipel de Tristan da Cunha.

Cette dorsale n'est pas quelque haut-fond où les baleines viendraient faire la sieste. Sa profondeur la rend inaccessible aux cétacés. Elle pourrait être sur la planète Mars qu'elle n'en serait pas plus inutile et plus inconnaissable.

On ne peut que rêver aux raisons qui ont placé

sous le patronage de la baleine cette montagne longiligne, qui s'élève de mille mètres au-dessus des plateaux qu'elle sépare, et monte à seulement deux mille cinq cents mètres sous la surface. Aucun autre animal marin ne connaît cet honneur : point de bassin de la Langouste ni de mont du Hareng. Et drôle d'idée que de donner à un relief ce nom nomade. Les baleines qui nagent très haut au-dessus de leur dorsale vont des eaux antarctiques où elles se gavent de crevettes et de plancton vers les eaux tropicales où elles vont mettre bas. Elles ne s'y arrêtent pas.

L'Atlantique étant l'océan le plus accessible aux Européens, les baleines y ont été décimées plus tôt et plus massivement que dans l'océan Indien ou le Pacifique. On devine de quel animal la côte des Squelettes, au sud de la Namibie, porte le deuil.

Dorsale de la Baleine : un hommage ambigu à une zone de chasse particulièrement propice ? un nom à l'orée d'un cimetière ? le cénotaphe d'espèces disparues ?

II

LA CHASSE

18

Au Pays basque

43° 29' N. - 1° 34' O.

Les différentes espèces de baleines portent sans imagination des noms composés : baleine bleue ou grise, baleine à bosse, baleine franche — ce qui ne signifie pas une loyauté particulière, mais seulement le fait qu'elle ne coule pas après la mise à mort.

Unique en mer comme à terre, la baleine des Basques (*Balaena glacialis*). Identifiée non par le nom d'une région ou d'une ville, mais par celui du peuple qui s'est illustré dans sa chasse. Je ne trouve pas d'autre exemple de formation d'un nom zoologique sur ce modèle. Cette race et ce peuple restent unis pour l'éternité, comme la pointe d'un harpon et l'extrémité de la corde qui le tient.

Le lien que forge la langue entre la baleine et les Basques se voit aussi dans les paysages de la province du Labourd. Sur des points hauts de la côte avaient été édifiées de petites tours de guet, tournées vers l'océan, d'où une vigie veillait et donnait l'alerte, en sonnant une cloche ou allumant un feu lorsqu'une baleine se montrait ou soufflait. Sitôt le signal donné, les marins embarquaient et partaient à la chasse, entouraient leur proie, tentaient de lui barrer la route du large, la harcelaient, la harponnaient, et finalement la ramenaient sur la plage pour l'y dépecer.

Ces tours singulières se nomment *atalayes*. Il semble n'en subsister plus qu'une, entre Bidart et Guéthary. La pointe de l'Atalaye, à Biarritz, en conserve seulement le souvenir. La plupart des touristes qui s'y promènent pour admirer le coucher de soleil sur l'océan ignorent tout de la fonction de ce lieu, et du monument disparu dont il porte le nom dans une langue qu'ils ne parlent pas.

Biarritz revendique pourtant dans ses armoiries son rôle de grand port baleinier : « D'azur, à la barque montée par cinq hommes, dont deux s'apprêtent à harponner une baleine qui plonge dans les flots, le tout au naturel ; au chef d'or, à trois coquilles au naturel, celle de senestre disparaissant sous un franc canton de gueules à l'étoile d'argent. »

Les armoiries d'Hendaye représentent une baleine, surmontée d'un faisceau de harpons et d'une couronne, flanquée des lettres initiale et finale du nom de la commune. Mais cette description ne peut que céder, en précision comme en poésie, à l'héraldique : « D'azur à la baleine d'argent nageant dans une mer de même, surmontée de trois harpons, deux en sautoir et un en pal, et accompagnée en chef d'une couronne royale accostée des lettres capitales H à dextre, E à senestre. »

Et voici celles de Guéthary : « D'argent à une mer d'azur chargée d'une baleine contournée d'argent et d'une barque d'or à une voile de gueules brochant sur le champ, occupée par six pêcheurs au naturel, le premier à dextre contourné, le dernier à senestre harponnant la baleine ; le tout accompagné au flanc dextre d'une falaise au naturel sur laquelle se tient un guetteur de sable. »

Je reste un temps songeur devant ce guetteur de sable, sur son *atalaye* naturel que lui offre la falaise — avant de vérifier qu'en héraldique « de sable » signifie « noir »…

Quant à la chambre d'Amour, à Anglet, elle tirerait son nom des ébats des baleines que l'on voyait depuis la côte, et non de la légende d'amants surpris par la marée dans une grotte, légende qui n'apparut qu'au second Empire, avec le tourisme…

La viande de baleine a longtemps représenté un apport significatif de protéines pour ces populations côtières, et leur hardiesse et leur détermination à la chasse leur ont valu de donner leur nom à leur proie. Les Basques ont dominé la chasse à la baleine du XIe au XVe siècle. Ils ont inventé pour achever la bête blessée un instrument pointu, mi-pique mi-poignard, qui a tiré son nom du port de Bayonne, et sous le nom de baïonnette connu une immense et durable fortune militaire. Quand les poilus partant à l'assaut d'une tranchée allemande entendaient l'ordre terrible : « Baïonnette au canon ! », ils ne savaient pas qu'ils utilisaient l'arme inventée par un baleinier basque.

Les succès des Basques dans la chasse à la baleine ont entraîné la raréfaction, puis la disparition de la ressource. Il a fallu aller toujours plus loin. Les Basques ont sans doute découvert l'Amérique du Nord avant Christophe Colomb. Ils se sont implantés ensuite en Nouvelle-France, où de nombreux toponymes les évoquent. L'île aux Basques, dans le golfe du Saint-Laurent, est logiquement bordée par une anse à la baleine. Île aux Basques est aussi le nom donné par Samuel de Champlain à l'île de Saint-Pierre. La présence française à Saint-Pierre-et-Miquelon naît de la chasse basque à la baleine, et s'y est poursuivie par la pêche basque et normande à la morue.

Au début du XVIe siècle, lorsque les Anglais et les Hollandais lancent des expéditions de chasse au Spitsberg, ils embauchent des harponneurs et des maîtres de chaloupe basques, notamment de Saint-Jean-de-Luz. Un édit royal de 1617 leur interdit de participer à de telles campagnes, sous peine de mort et de confiscation des biens, mais sans effet réel. Les Basques ont appris aux Anglais et aux Hollandais à chasser la baleine, transfert de technologie qu'ils auront lieu de regretter plus tard.

Désormais, les Hollandais dominent cette industrie. Ni l'invention basque de la fonte du lard à bord du navire, au début du XVIIe siècle, qui redonne à notre industrie un avantage comparatif, ni les guerres de Louis XIV avec les Pays-Bas ne remettront en cause leur suprématie.

Le savoir-faire des marins basques reste cependant incontestable, et les armateurs baleiniers des autres ports de la façade atlantique débutent leurs campagnes en venant compléter leur équipage en Labourd.

La chute du nombre de captures au large du Groenland et de l'Islande, les conflits avec les navires anglais, la baisse des cours de l'huile aggravent cette désaffection. Dans une tradition bien française, une politique de subvention et d'exonération de taxes tente de relancer cette activité : en vain. La perte du Canada, en 1763, ferme définitivement l'accès au golfe du Saint-Laurent.

Peut-on le dire mieux que l'Encyclopédie ?

De toutes les pêches qui se font dans l'Océan & dans la Méditerranée, la plus difficile sans contredit & la plus périlleuse est la pêche des baleines. Les Basques, & surtout ceux qui habitent le pays de Labour, sont les premiers qui l'ayent entreprise, malgré l'âpreté des mers du Nord & les montagnes de glace, au-travers desquelles il falloit passer. Les Basques sont encore les premiers qui ayent enhardi aux différens détails de cette pêche, les peuples maritimes de l'Europe, & principalement les Hollandois qui en font un des plus importans objets de leur commerce, & y employent trois à quatre cents navires, & environ deux à trois mille matelots : ce qui leur produit des sommes très-considérables ; […] *Les Basques, qui ont encouragé les autres peuples à la pêche des baleines, l'ont comme abandonnée : elle leur étoit devenue presque dommageable, parce qu'ayant préféré le détroit de Davis aux côtes de Groenland, ils ont trouvé le détroit, les trois dernières années qu'ils y ont été, très-dépourvu de baleines.*

La chasse baleinière française traverse une éclipse presque complète pendant les guerres de la Révolution et de l'Empire. Elle renaît à la Restauration, avec le concours de capitaines et de harponneurs américains, sur d'autres ports. Les Basques n'y figurent plus.

La baleine des Basques est aujourd'hui une espèce presque éteinte, et la chasse basque s'est éteinte avec elle.

19
Épopée

Depuis dix siècles, l'homme chasse la baleine.

J'ai parfois rencontré, y compris sous de bonnes plumes, la fautive «pêche à la baleine». Longtemps, j'ai pensé que le vocabulaire suivait la taxonomie : on chasse les mammifères, même marins, tels la baleine ou le phoque, on pêche les poissons.

Selon les dictionnaires, la chasse se définit comme l'action de guetter, de choisir et d'abattre le gibier, ou à la rigueur de s'en saisir.

La différence entre la chasse et la pêche va bien au-delà de la zoologie. Le pêcheur dispose ses apparaux — filets, sennes, palangres, cannes, casiers… — et les relève sans certitudes. Toute l'expérience acquise lui permet de connaître les zones, les moments, les techniques les plus productifs. Mais il pêche à l'aveugle, sans savoir ce qui se passe sous l'eau. Le chasseur, lui, piste sa proie, la choisit et la met à mort.

La chasse à la baleine illustre à la perfection ce que peut être l'exploitation non durable d'une ressource. Son succès sur une zone entraîne une baisse, puis un déclin brutal des prises. Il faut alors découvrir de nouveaux territoires de chasse, toujours plus lointains, toujours plus dangereux, et les garder confidentiels le plus longtemps possible. Les premières campagnes, sur un stock vierge, sont miraculeuses et font la fortune des armateurs. Mais assez vite le secret est découvert, les rendements déclinent, puis s'effondrent. Il faut à nouveau recommencer ailleurs, dans des mers plus extrêmes encore, où les risques et les distances exigent des capitaux toujours plus importants.

Michelet le remarque déjà superbement : « Qui a ouvert aux hommes la grande navigation ? qui révéla la mer, en marqua les zones et les voies ? enfin, qui découvrit le globe ? La baleine et le baleinier. »

Les équipages étaient payés à la part, aucun salaire fixe n'aurait été possible en demandant un tel engagement. Dans les Alpes, la sagesse populaire dit que qui va au bois va à la guerre, tant les risques pour les bûcherons sont élevés. Combien plus pour les baleiniers ! Comme le notait en 1947 l'historien de marine, cap-hornier et capitaine au long cours Louis Lacroix, « avoir fait campagne baleinière, c'est plus que d'avoir fait la guerre ».

Mais plus encore que la guerre et ses victimes, auxquelles Melville aussi renvoie pour une apologie du métier de baleinier, le harponneur à l'avant, seul au moment de lancer son arme, m'évoque la corrida.

La scène de chasse n'est ni un corps-à-corps ni un duel, expressions qui sous-entendent une forme d'égalité entre les adversaires. Comme dans la corrida, il y a un homme seul, même s'il est appuyé par une équipe, une arme apparemment dérisoire, une bête dont la puissance est sans commune mesure, la mort pour l'un ou pour l'autre.

La corrida se célèbre comme un rite urbain, auquel adhèrent les aficionados, sans autre finalité que le rite lui-même, centré sur une arène écrasée de soleil. La chasse à la baleine se déroulait dans l'immensité de l'océan, loin de tous les regards, et indéfiniment recommencée jusqu'au complet remplissage des cales du navire.

Le torero est adulé, son habit de lumière brille, la fanfare l'accompagne jusqu'à l'estocade. À la mort du taureau, le torero salue, les femmes lui envoient bouquet ou éventail, la foule applaudit, un repas de gala attend le vainqueur. Nul ne s'intéresse au harponneur, dans ses habits sales et trempés, dans la houle et le vent furieux.

Cette discrète épopée fut célébrée par d'innombrables tableaux, gravures, dessins, ex-voto, qui insistaient tous sur la disproportion entre l'animal formidable et le frêle esquif de ses poursuivants. Au XIXe siècle, le grand récit baleinier, destiné à forger le caractère des jeunes gens avides d'aventures et d'exotisme, constituait un genre littéraire en soi, qui a vécu autant que la chasse et a disparu avec elle.

Alexandre Dumas — *Les Baleiniers : voyage aux terres antipodiques*, sous-titré «Journal du docteur Félix Maynard», 1861 — et Jules Verne — l'un de ses plus mauvais romans, *Les Histoires de Jean-*

Marie Cabidoulin, 1901 — ne l'ont pas dédaigné, et leurs descriptions des scènes de chasse, rédigées dans la quiétude de leurs cabinets de travail, se ressemblent.

Sitôt l'alerte donnée, les embarcations sont mises à l'eau. Lorsqu'une baleine vient à la surface, les rameurs s'en approchent aussi vite que possible, afin que le harponneur puisse planter son arme dans sa chair. S'il échoue, la proie disparaît et il faudra tenter sa chance sur une autre. Si l'arme entre profondément dans les chairs, que les barbules qui la hérissent la tiennent fermement, la baleine blessée sonde et s'enfuit, entraînant après elle ses persécuteurs. Il faut laisser filer le bout minutieusement lové sans tenter de le freiner, sauf à s'y faire arracher un bras, et se préparer ensuite à ce que les hommes appellent «la promenade en char à bancs». Elle file, elle s'éloigne à toute vitesse de cette douleur qu'elle a ressentie, et se fatigue à tirer après elle la lourde barque. Pour l'épuiser davantage, les marins jettent des ancres flottantes, ou prennent en remorque une autre embarcation. Au bout d'une demi-heure, à bout de forces, les flancs déchirés, elle doit remonter respirer.

Ce second rendez-vous ne doit pas être manqué : d'un coup de lance bien ajusté sous la nageoire, le harponneur tente d'atteindre le cœur ou le poumon. À la deuxième frappe, à la troisième, l'évent devient rouge sang et asperge les marins. Agonisante, elle peut encore se montrer dangereuse. En un dernier assaut, le harponneur sectionne un tendon de la nageoire caudale, ce qui ôte à la baleine toute possibilité de mouvement. Perdant son sang par toutes ses plaies, elle est secouée d'ultimes tremblements, elle « fleurit », terme étrange qui pourrait être un anglicisme dont je n'ai pas trouvé l'origine.

Dans un dernier réflexe, un coup de queue blesse un matelot : « Ô femmes, que les baleines de vos corsets coûtent cher ! »

La bête morte est solidement arrimée par la queue et ramenée à force de rames le long du navire. Ligotée, saisie, elle est fendue et dépecée aussitôt. « On dépouille une baleine de sa graisse comme on dépouille circulairement une orange de sa peau. » Le lard est mis à fondre. Le reste de la carcasse est alors détaché et coule.

Alexandre Dumas, à qui j'emprunte ces citations, comme Jules Verne célèbrent l'héroïsme de ces marins. Ni l'un ni l'autre n'émettent la moindre réserve sur le principe de cette chasse, alors à son apogée.

Lautréamont dans le premier des *Chants de Maldoror* ne dit pas autre chose : « Je te salue, vieil Océan ! Vieil Océan, il n'y aurait rien d'impossible à ce que tu caches dans ton sein de futures utilités pour l'homme. Tu lui as déjà donné la baleine… »

Les ports les plus actifs dans cette industrie, Nantes et Le Havre, Dunkerque et Bordeaux, semblent l'avoir oubliée. Ils s'étaient auparavant enrichis, pour partie avec les mêmes capitaux et les mêmes armements, de la traite négrière. Loin de moi l'idée de vouloir comparer ce crime contre l'humanité à cette chasse. Ces grands ports atlantiques ont su récemment recouvrer la mémoire de la part la plus sombre de leur histoire. Ils n'ont pas encore assumé le souvenir de leur intense et florissante activité baleinière. Je n'ai trouvé qu'à Honfleur une avenue des Baleiniers...

20
Île Bouvet
54° 23' S. - 3° 21' E.

Oyez! Le 17 mai 1738, Jean-Baptiste Bouvet de Lozier quittait Lorient avec les frégates *L'Aigle* et *La Marie,* à la tête d'une expédition décidée par Louis XV pour tenter de trouver le mythique continent austral. Le 1er janvier 1739, dans l'extrême sud de l'océan Atlantique, il apercevait une terre englacée à travers la brume. Il la baptisa cap de la Circoncision, selon le calendrier liturgique, sans parvenir à déterminer s'il s'agissait d'une île ou d'une pointe du continent recherché. Après neuf jours de navigation délicate parmi les grains de neige et les icebergs, sans parvenir à accoster, il abandonnait et rentrait en Europe.

James Cook, en 1772, ne la retrouva pas à la position annoncée. D'autres navigateurs, au cours du XIXe siècle, crurent découvrir dans ces parages des îles baptisées Lindsay, Thomson, Liverpool. Les géographes doutaient de l'existence de Bouvet : n'était-ce pas là l'une de ces «îles de beurre», que nul ne revoyait jamais après leur découverte?

En 1898, une expédition allemande leva le mystère et confirma que tous ces noms ne pouvaient se référer qu'à la bien réelle île Bouvet. Aucune prise de possession n'avait été faite par Bouvet, ni par aucun des inventeurs successifs. Elle n'appartenait donc à personne.

Quelques débarquements par des baleiniers anglais ou américains sont attestés. Aucune installation à terre n'avait jamais été tentée.

En 1927, la Norvège revendique l'île Bouvet, encore sans maître. Elle n'avait aucun argument historique ou géographique à faire valoir. Selon le droit international de l'époque, un débarquement effectif, a fortiori une occupation effective, n'était plus une condition nécessaire. Une simple déclaration suffisait, si aucune autre puissance n'objectait.

Pourquoi la lointaine Norvège a-t-elle décidé de revendiquer cette île où aucun Norvégien n'avait encore jamais mis les pieds ? Afin de s'assurer une position intéressante pour le développement de la chasse à la baleine, alors florissante dans l'océan Austral.

Le Royaume-Uni hésita, mais laissa faire. La France de Poincaré ne semble pas avoir réagi, hélas ! L'île Bouvet devint norvégienne. La Norvège n'a jamais installé d'équipement permanent sur l'île. Et le long hiver s'y couche sur un drapeau à croix bleue sur fond rouge.

Une telle usurpation ne peut se perpétrer indéfiniment. Nos ministères étant sourds à la cause, je me suis accordé à moi-même des lettres de course pour reprendre l'île et l'offrir à mon pays.

Oyez ! Cette nuit, je me suis fait corsaire et j'ai reconquis l'île Bouvet. Mon lit n'est pas moins vaste que l'Atlantique Sud, et j'y ai décidé maintes expéditions. Celle-ci fut la plus mémorable.

L'île ne voit passer que de très rares et brèves missions norvégiennes, comportant exclusivement des scientifiques. La probabilité d'y rencontrer des ressortissants de ce petit royaume est donc infime, et ceux-ci ne sauraient opposer aucune résistance à un groupe déterminé. J'ai levé des fonds et loué un navire apte aux mers australes. Je me suis entouré de compagnons patibulaires recrutés à la sortie de bars louches du port : un boiteux, un borgne, un manchot, un médecin-poète-historiographe radié de toutes les compagnies, un vieux marin portant perroquet sur l'épaule et récriminant contre le climat glacial néfaste à son oiseau. Nous nous étions donné rendez-vous sur les quais par un soir de tempête, avons mis à minuit à la voile vers le sud et disparu des écrans radars.

En laissant Sainte-Hélène à tribord, j'ai fait par trois fois retentir la corne de brume.

Après une navigation dont la durée m'échappe, nous avons débarqué, avant le lever du soleil, dans les bourrasques de neige et sur les rochers trempés, nous avons atteint un premier replat et hissé le drapeau tricolore. J'ai sorti mon vieux pistolet d'ordonnance modèle 1873 et fait retentir trois coups de feu dans les hululements du vent. Nous avons bu du rhum pour fêter la victoire et le succès des armes de la France, et rendu à Bouvet de Lozier la renommée dont il avait été jusqu'ici injustement frustré. Et j'ai généreusement distribué des pièces d'or à mes compagnons.

Qu'importe la Norvège ! Qu'importe cet émirat pétrolier, confit de certitudes égoïstes et de contentement de soi ! Mise devant le fait accompli, la petite Norvège ne pourra pas organiser de riposte militaire. Nul ne l'imagine oser rejouer le scénario de la guerre des Malouines. Notre action peut-elle provoquer un affrontement franco-norvégien en mer du Nord ? La belle affaire ! Notre marine saura y faire face en quelques heures.

Du point de vue du droit international, la position norvégienne est apparemment solide : Bouvet n'a jamais fait de revendication au nom du roi de France, et aucune puissance n'a objecté à l'acte infâme de 1927.

Il m'a donc fallu dénoncer son imposture et délégitimer les fondements de ses prétentions. Dans une proclamation lue à l'aube à la face du monde, j'ai rappelé que l'annexion norvégienne n'avait eu d'autre but que la prédation des baleines. Sa position devra être attaquée au nom de l'éthique. Que sonnent les trompettes de l'indignation ! Si la chasse à la baleine est abominable, l'annexion faite dans cet unique but l'est tout autant. Ce péché originel de la posture norvégienne la condamne pour l'éternité. Comment pourrait-on à la fois aimer sincèrement les cétacés et s'arc-bouter sur une possession motivée par leur mise à mort ?

Oyez ! Ce midi, je me suis proclamé gouverneur de l'île Bouvet, certes à titre provisoire, en attendant de pouvoir remettre les charges et insignes de ma fonction à un envoyé officiel venu de Paris. Pour quelques jours encore, je me retire au gouvernorat, une tente où l'on ne tient pas debout. Du fond de mon duvet, j'administre, je crée des cantons, des communes, des directions générales, des postes de douane, des réglementations fiscales avec leurs exemptions, des saisons de chasse, des agréments triennaux pour débits de boissons. J'ouvre un musée, une bibliothèque, dotée pour l'instant de trois romans, et je prévois pour bientôt une école. Je paraphe la première page du registre général de l'état civil. Je baptise avenue Victor-Hugo et place de la République la neige de notre campement. Par l'effet de ma seule volonté, enfin Bouvet sort des limbes scandinaves et prend forme.

Je revendique hautement le soutien de l'opinion. Armateurs et marins pêcheurs me féliciteront. J'appelle à l'aide intellectuels, écrivains, artistes, journalistes de droite comme de gauche : ceux-là se réjouiront de la reconquête d'une terre oubliée, ceux-ci célébreront la juste cause de la défense des baleines. Je les invite tous à venir découvrir l'île Bouvet.

Après le succès de ce coup de force irrédentiste, où j'ai sans doute violé nombre de lois et de traités, je suis prêt s'il le faut à affronter l'ingratitude de mon pays. Corsaire, je n'ai agi que pour sa gloire.

Le premier mot jamais prononcé en aucune langue aux abords de l'île, la première syllabe jamais criée d'un nid-de-pie à la vue de ces glaciers tombant lourdement dans l'océan Austral, restera pour toujours, en français dans le texte : «Terre !» Il n'est plus tolérable que figure sur les cartes l'insultant Bouvetøya.

21

Cher M. Melville,

Je vous remercie de m'avoir adressé le manuscrit de votre roman *Moby Dick*. Je vous indique de la manière la plus nette que je n'envisage pas de le publier — et je n'aurai pas l'hypocrisie de vous suggérer de l'adresser à tel ou tel confrère. Aucun, je vous en préviens, ne prendra le risque de l'accepter en l'état.

D'abord, ce titre ! Je connais suffisamment l'anglais pour savoir ce que *dick* signifie en argot. Je m'attendais donc à découvrir un texte libertin ou grivois. Mais rien de leste ou d'osé dans votre propos.

Alors pourquoi ne pas nous dire franchement que vous allez nous parler, et nous parler longuement, de baleines ? *À la recherche de la baleine perdue* eût résumé le livre avec pertinence. *Autant en emporte la baleine*, plus allusif, aurait mis en exergue le drame final. *Voyage au bout de la baleine* eût suggéré le mouvement qui anime votre plume.

Et pourquoi pas, plus précieux peut-être, *Mémoires d'outre-baleine*?

Cette difficulté à trouver un titre illustre la difficulté fondamentale de votre manuscrit : vous ne savez pas quel en est le sujet véritable, et de là viennent tous les défauts de votre texte. J'y reviendrai.

L'obstacle du titre franchi, le lecteur se trouve face à une muraille d'épigraphes. Une citation pour débuter constitue une politesse ou une protection souvent bienvenues. En latin ou en grec, elle ravit le lettré et épate le bourgeois. Deux citations, si vous voulez. Trois citations, et déjà l'auteur semble moins sûr de lui et vouloir s'abriter derrière de grands anciens. Mais vous ! Vous en mettez dix, vingt, cinquante, cent peut-être ! Vous avez parcouru les bibliothèques, épluché les grimoires, relu les classiques, déniché des opuscules — et ne nous épargnez rien, au fil des siècles, de la pensée de l'écrivain le plus obscur où figure le mot baleine...

Je veux bien saluer votre érudition, et mesure le temps passé dans les salles de lecture. Mais cette accumulation a-t-elle un sens ? Que voulez-vous nous dire à travers les cent visages que vous empruntez ? Où allons-nous ? Le savez-vous vous-même ?

Pour nous impressionner davantage, vous nous donnez ensuite le nom de la baleine dans une douzaine de langues. Bien aimable à vous. Nous voilà prévenus : nous n'avons pas affaire à un amateur, ni à quelqu'un qui fait les choses à moitié. Mais de grâce, nous avons maintenant bien compris quel poisson vous obsède, commencez votre roman !

Avant même d'en attaquer la lecture, je constate qu'il est trop long. Les Anglais — et surtout les Anglaises — ont lancé la mode de ces histoires qui n'en finissent pas, où l'évolution des sentiments est racontée avec une précision d'entomologiste. Les Français aussi font durer, mais, feuilletonistes, ils ont l'excuse d'être payés à la page. Et maintenant les Russes s'y mettent et nous donnent des livres aussi interminables que leurs hivers ou leurs plaines. Mais, dans notre pays, qui peut consacrer ses soirées à se demander si et comment telle princesse au nom imprononçable va répondre à la lettre reçue dix chapitres plus tôt ? Le Nouveau Monde n'en a pas le temps. Le roman américain, en train de naître, doit être bref, rapide, incisif, enlevé.

D'ailleurs, vous nous avez déjà donné quelques récits d'aventure joliment troussés, inspirés par votre passé de marin dans le Pacifique. Je pensais donc découvrir un nouvel épisode de votre vie mouvementée, la pêche à la baleine prenant la suite de la marine marchande et de la marine de guerre, où vous nous aviez déjà transportés. Les premières pages, certes pauvres en rebondissements, m'ont entretenu dans cette illusion : le héros cherche un embarquement, rôde sur les quais, pose son sac sur un navire mystérieux... Le pittoresque sermon du pasteur sur Jonas m'a fait sourire.

Hélas ! L'intérêt du lecteur, jusqu'alors assez faiblement stimulé, retombe : il ne se passe plus rien. Le *Pequod* fait le tour du monde — pour autant que je parvienne à reconstituer sa course sur une mappemonde —, ne fait à peu près aucune escale, attrape une baleine ou la manque. Et à la fin, la baleine blanche coule le navire et noie son capitaine.

Je ne disputerai pas la vraisemblance de ce finale : l'*Essex* en 1820 fut attaqué et coulé par une baleine, et vous pouviez vous inspirer de cette tragédie pour conclure votre narration.

Mais, entre l'embarquement et le naufrage, pendant ces mois et ces mois de navigation, rien ! Pas d'intrigue, pas d'événements, rien qui capte l'intérêt. Point de tempêtes, de mutineries, de bagarres… Vos marins déclament, discourent ou se lamentent, au mépris de tout réalisme. (Et parfois — paresseusement ? — vous notez simplement leurs invraisemblables dialogues, comme un auteur de théâtre !) Vous me direz peut-être que leur vie à bord est monotone et ennuyeuse, mais ce motif ne vous autorise pas à ennuyer si longuement votre lecteur.

Ces marins d'ailleurs forment un ramassis de figures grotesques et inconcevables. J'entends bien que pareil métier n'attire que gens de sac et de corde, mais les portraits que vous en tracez leur dénient toute humanité. De quelque île qu'ils proviennent, ils effraient sans être totalement crédibles. Il n'est pas jusqu'à votre narrateur qui n'hésite : il n'est pas trop sûr de s'appeler Ishmael. Appelez-le Ishmael, ou Arthur, ou Benjamin, que nous importe, et que signifie votre incapacité à décider ?

Seuls les officiers, dotés d'un caractère un peu plus affirmé, semblent peints d'après nature. Votre capitaine Achab, tyrannique, habité par son obsession, est un original puissamment dessiné. J'ai perçu le souffle qui l'habite, l'obsession qui le hante, et que vous avez su rendre. Le mystère qui l'entoure et se dissipe peu à peu tient le lecteur en haleine. Mais ensuite ? Une fois sorti des brouillards menaçants qui le dissimulaient aux regards — je souligne la réussite des passages sur les quais —, il n'évolue plus. Tout entier concentré dans sa lutte, d'entrée au summum de sa folie, il ne surprend plus, et parfois fatigue.

En voulez-vous une preuve ? Hormis le tout début et l'extrême fin, je gage qu'on peut mélanger les chapitres et lire la course folle du *Pequod* et du capitaine Achab dans un ordre aléatoire.

Je note également l'absence complète de femmes. Je sais bien qu'un navire de pêche n'est pas un salon mondain. Pourtant, l'épouse ou la promise, la mère, la sœur ou la fille du marin composent de touchantes figures qui équilibreraient leurs portraits. Ou, par contraste, la créature d'un soir à l'escale. Eh bien non. Vous ne nous montrez, vous ne nous suggérez aucun jupon, ni à bord ni dans les souvenirs ou les rêves des marins. Quel monde rude et terrible présentez-vous !

Pas de femme, aucun espoir, un équipage de crapules patibulaires, les ordres absurdes d'un despote fou, et la certitude d'un destin tragique... Est-ce là votre philosophie ? Et qui prétendez-vous séduire ?

Vous pourriez sans doute, au prix d'un travail considérable, rabouter le début et la fin, rendre plus attachants et plus religieux vos marins, ajouter une escale pittoresque dans ce Pacifique que vous semblez bien connaître... et pourtant ça n'irait toujours pas.

En effet, je n'ai critiqué pour l'instant que la moitié de votre livre, si j'ose dire les chapitres pairs. Les chapitres impairs nous disent tout sur la baleine : sa biologie et ses territoires ; l'histoire de la chasse et de ses méthodes ; les productions et les sous-produits ; les outils, l'organisation et le vocabulaire du travail ; l'économie et la politique de l'industrie baleinière...

Je salue la qualité de votre documentation, que vous l'ayez acquise sur le gaillard d'avant ou dans les bibliothèques. Mais je remarque que vous nous présentez ces connaissances sans aucun ordre visible, au gré de votre fantaisie, et dans un style flamboyant qui dessert le sérieux du propos. Là encore, toutes les permutations pourraient être envisagées. L'autre moitié de votre livre ne peut être regardée comme un ouvrage académique sur les baleines : il n'en a ni la portée ni la précision, ni la rigueur ni la forme, ni le ton ni les problématiques. Vous ne serez pas le Pic de la Mirandole des cétacés.

Je ne méprise pas la vulgarisation scientifique, si nécessaire à notre époque et notamment pour les jeunes gens. Encore faut-il présenter au grand public un savoir de manière ordonnée. Je ne parviens pas à dénombrer tous les savoirs auxquels vous rendez hommage, et ne vois là-dedans aucun ordre. Je connais désormais toutes les races de baleines, et le nom et l'usage de toutes les armes employées par les matelots. Mais cette accumulation construit-elle un discours scientifique ? J'en doute.

Là encore, un travail de réécriture très important

vous permettrait de rédiger un utile et amusant petit traité sur la baleine.

Le roman n'est pas convaincant, ni la partie documentaire. Que dire alors de l'entrelacement des deux ? Le peu d'intrigue romanesque s'y perd, s'y dissout, et vos personnages cessent de retenir l'attention. Et leurs longs dialogues perturbent le plaisir de découvrir et d'apprendre les données essentielles de la vie et de la mort des baleines. Je ne parviens même pas à discerner si vous avez recherché une mise en correspondance de ces deux séries de chapitres, s'ils doivent se répondre, dégager une harmonie.

Ce roman immobile et cet essai désordonné ne se soutiennent pas l'un l'autre, comme vous l'espériez sans doute, mais se fragilisent et se nuisent, comme — restons dans les sciences naturelles — deux poussins dans un nid se disputant l'attention et la nourriture de leurs parents. La sélection naturelle règle rapidement de telles compétitions. Soyez aussi implacable qu'elle, et dites-nous enfin clairement quel est votre propos. Il serait dommage de ne rien tirer de tous les matériaux que vous avez accumulés, et de tout le temps passé à vous renseigner. Un livre sur la chasse à la baleine peut sans doute intéresser. Mais choisissez un angle, et un seul, et tenez-vous-y !

Vous me maudirez sans doute en découvrant mon refus et ses motifs. Je ne vous écrirai pourtant pas à mon tour si longuement, si je ne croyais pas à votre talent et à l'intérêt d'un thème si original. Soyez assuré d'une chose : je vous rends service en ne vous publiant pas.

Vous n'êtes pas convaincu ? Alors imaginez que votre épais manuscrit, devenu livre, arrive chez les libraires. Qui l'achèterait ?

Les femmes, qui je le rappelle forment la majorité de la clientèle ? Certainement pas, pour les raisons que j'ai dites.

Les matelots ? Ils ne lisent pas et n'ont pas d'argent pour de telles distractions.

Les armateurs à la baleine et autres capitaines d'industrie ? Ils n'y apprendront rien et pourront s'offusquer de certaines remarques acides.

Les hommes de science ? Quelques-uns, et ils ricaneront dans les gazettes, en dénonçant telle ou telle phrase — et l'illégitimité de votre position.

Les amateurs de romans d'aventures et qui vous ont déjà lu ? Peut-être, mais ils n'arriveront pas au bout et, déçus, n'achèteront pas le suivant.

La difficulté à cerner le public que vous visez vient en miroir de celle que j'éprouve à définir votre propos, ou votre projet.

Ne vous découragez pas. Méditez mes critiques. Acceptez mes conseils.

Permettez-moi une ultime remarque. Vous avez su créer, avec le capitaine Achab et son obsession pour la baleine blanche, un personnage singulier et fort, que l'on n'oublie pas. Mais ne vous laissez pas entraîner dans je ne sais quel embrouillamini métaphysique. Les jeunes écrivains veulent toujours trop démontrer et confondent dissertation et roman. Ne glissez pas sur cette pente, vers laquelle vous penchez. Éloignez Achab du monde fumeux des théories et des archétypes, votre récit n'y perdra rien de son étrange sauvagerie et y gagnera en pittoresque.

Comment le capitaine d'un baleinier pourrait-il se prétendre l'égal, ou même le cousin éloigné, d'un don Quichotte ou d'un Robinson, d'un don Juan ou d'un Werther ?

22

Appétits

Malgré une compétition indiscutablement serrée, l'Islande emporte haut la main la palme de la pire cuisine scandinave. La pauvreté, voire l'avarice des terres, un instinct inné pour d'improbables alliances de saveurs, des légumes bouillis aussi longtemps qu'une campagne de pêche ou que l'hiver boréal, le procès luthérien de toute tentative de plaisir, surtout oral : tout concourt à faire d'un repas islandais un moment tragique, heureusement bref, où l'homme peut douter de l'existence de Dieu. Dans ce pays, on ne mange que pour ne pas mourir de faim.

Sur les quais de Reykjavík se trouve l'unique restaurant entièrement dédié à la viande de cétacés, dont la chasse ici est autorisée. Par une étrange loi, il se trouve que la moitié de la clientèle est composée de touristes français.

Partis vers le septentrion pour admirer une nature inviolée, ils vont s'encanailler, briser un interdit, oser l'impensable sous condition d'un silence absolu une fois rentrés. Ils ont hésité, discuté, ricané et, après peut-être une petite dispute, ont enfin voulu se prouver leur paradoxale liberté, celle d'accomplir ce qu'ils réprouvent. Un peu déçus de voir autant de compatriotes aux autres tables, la gorge nouée, ils ont commandé leur dîner à un géant blond indifférent à leurs scrupules. Avec les émotions de séminaristes entrant au bordel, oublieux pendant un soir de leurs valeurs, ou plutôt frissonnant de les transgresser autant, ils dégustent un steak ou des brochettes de baleine.

Croyant friser la débauche, ils rendent à leur insu hommage à la gastronomie de leurs aïeux : cette viande a longtemps représenté une aubaine pour les pauvres, alors que les puissants se régalaient de la langue de baleine salée mise en tonneau. En outre, venant de la mer, elle n'était pas frappée par les interdits alimentaires des vendredis et du carême.

Aujourd'hui, comment l'apprêter ? Pour cette chair grasse, dure et fade, l'idéal me semble être une longue cuisson à la broche, en incisant le cuir en maints endroits et en l'enduisant régulièrement d'un badigeon d'huile d'olive et d'herbes, afin qu'elle sue son lard pendant de très lentes et très nombreuses girations. Hélas, le poids de la bête rend impossible la confection d'un bâti, de palans, de moteurs et d'un tournebroche hors norme.

Dans ma cuisine, devrais-je inventer une recette pour un rôti de baleine ? Il faudrait sans doute faire bouillir cette viande fibreuse et gorgée de sang à feu doux pendant une demi-heure dans du lait avec sel, poivre et laurier. Après avoir fait revenir à la cocotte un lit généreux d'ail, d'oignons et d'échalotes, y déposer délicatement le rôti ainsi attendri et augmenter encore la flamme. Au bout d'un bon quart d'heure, le retourner, puis apaiser le feu, mouiller avec deux verres de vin blanc sec et laisser mijoter le temps qu'il faudra.

Mais ensuite ? Déposer le plat sur la table, sans tricher, ni dissimuler sa nature aux convives ? Le repas risque d'être animé.

Je plaisante, bien sûr. Ou plutôt, je joue avec mes propres tabous.

Je ne mange pas de chien en Corée, ni de singe à Cayenne, ni de dauphin en Grèce, ni de cheval en France. De telles viandes, appréciées par d'autres, me sont au sens propre immangeables. Je repousse avec horreur l'idée de les avaler, de me nourrir de leur substance, de les transformer en quelque chose qui serait une partie de moi. Tous ces animaux me paraissent, chacun à leur façon, des parents proches, et je n'ai pas pour habitude de manger mon cousin.

Il en va de même pour la baleine. Elle ne connaîtra pas, de mon fait en tout cas, l'infamie de la marmite et de l'assiette. La répulsion du cannibalisme m'interdit absolument d'envisager y goûter. Sommes-nous donc si semblables ?

23

Port-Jeanne-d'Arc

49° 34' S. - 69° 51' E.

La passe s'ouvre sur toute l'étendue du golfe et de l'amphithéâtre de montagnes qui le borde. L'altitude de ces reliefs n'est pas considérable, quelques centaines de mètres, mais la variété de leurs formes, les pentes parfois raides, les cols, les terrasses, les vallées profondes où l'on devine des lacs, les harmonies de vert sans éclat et de brun composent quelque sombre pressentiment, que n'atténue pas la vaste et inhospitalière plaine caillouteuse qui ferme le golfe au nord. Dans ce paysage de piémonts abrupts, si les nuages ne referment pas tous les horizons, une masse pointue de glaces et de neiges se détache en arrière-plan, à l'ouest. L'ancien volcan prend des allures de montagne sainte, et sa blancheur lointaine, étincelante, paraît irréelle.

La mer grise moutonne. Bienvenue dans cette île sans arbres.

Le golfe en est la partie la plus accueillante et la moins hostile. Il a fallu, pour y parvenir, longer à prudente distance des falaises noires dégoulinantes de pluie, des vallées hautes d'où tombent des glaciers, des plages obscures dont on ne repartirait pas, des monts escarpés, des aiguilles au-delà des caps interdisant tout passage.

La première moitié du golfe, ovale et profond, se laisse parcourir en tous sens. La seconde s'encombre d'îles, alignées selon la même disposition que les fjords et les vallées du plateau central. L'œil s'y perd et l'on ne sait plus si tel bombement sépare un lac de la mer, ou deux vallons parallèles, ou un îlot dans l'axe d'un promontoire. On ne peut naviguer droit, il faut trouver un chemin dans ce fouillis et contourner, comme autant de lignes de défense, chacun de ces obstacles. Sur les îles comme à terre, des barres rocheuses, des banquettes, des barbacanes, des pierriers, des chemins de ronde, des tours de garde à demi effondrées.

La montagne blanche paraît un peu plus proche.

Tout au fond du golfe, adossé aux contreforts des hautes collines bombées et par elles un peu protégé, un plan d'eau tout en longueur, un bassin sans îlots. Une minuscule plaine littorale. Un ruisseau au débit généreux. Une gorge à l'ombre, où l'on devine des affleurements de charbon.

Mais rien n'est dit de ces paysages tant que ne sont pas décrits la lumière et le vent.

Le vent sans relâche parcourt son empire, assenant de petites gifles sèches, et tout à l'heure déployant toute sa force que rien n'arrête. Dans ces étendues sans obstacles ni limites, il chante en permanence, et ce souffle sonore ne ressemble à rien d'autre au monde. Lorsqu'il choisit de tomber brusquement d'un col vers la vallée, il peut brièvement rugir comme un train à l'entrée d'un tunnel. Il sait fouetter la surface d'un lac et faire retentir une longue note tenue en caressant les falaises de basalte. Il aime à prendre à revers une cascade qui tombe du plateau et la renvoyer en éventail se perdre dans le ciel, pour tirer de cette harpe provisoire d'étranges sons cristallins. D'une plage volcanique, il arrache sables et graviers noirs et les précipite à l'horizontale contre un amas de rochers épars, et cette mitraille fait résonner de subtiles et incessantes percussions. Il gronde et miaule entre deux montagnes, et son chant descend d'une octave quand le vallon s'élargit, et tourne, et dévale à la mer.

Il accompagne, gifle, hésite, gronde, se cache, revient, amène la pluie, sèche les vêtements, change de sens, virevolte, gémit, boxe et parfois jette à terre l'imprudent mal campé sur ses deux jambes.

Et soudain il s'interrompt complètement sans raison, et dans ce calme inédit, comme entre les deux mouvements d'une symphonie romantique, le silence total et insupportable de l'île reste tout empli du souvenir des sons entendus. Point de toussotements ou de violons discrètement réaccordés. L'absence de tout bruit, de toute vibration de l'air ajoute à l'angoisse qui sourd de ce paysage inhumain. Et puis, après un temps qu'aucune horloge ne mesure, le vent reprend, grogne, halète, ahane, souffle — non pas bruit de fond, mais élément essentiel du paysage.

Vent et nuages jouent un jeu aux règles complexes dont la lumière est l'enjeu. Le grand ciel bleu, point totalement inconnu, donne au relief et aux glaciers leur pleine mesure. Il réchauffe rus et vallons, jette sur les buissons rampants un vert tendre d'alpage en juillet — mais cette poésie convenue ne rend pas justice à la vraie nature de l'île. Il lui faut un temps pluvieux, le défilé de nuages bas rayant çà et là le golfe d'averses isolées et soudaines. Les teintes se fondent en un camaïeu où domine le bronze : la mer d'un gris insondable et éteint, les rochers ivoire dans les montagnes, les sables noirs ou brique vomis par les volcans, le bleu tirant sur l'étain des lacs allongés, les silhouettes des cormorans volant bas, les contrescarpes ruinées des îles, les masses indistinctes et brunes des reliefs lointains — et là, une déchirure dans les nuées laisse passer une traînée d'or en poudre, un rai de lumière souverain qui rend plus sombre encore ce qui l'entoure, une gloire de pietà baroque dans une eau-forte germanique, quelque chose comme le regard de Dieu sur Sa création.

Au fond du golfe, dans ce plan d'eau auquel conduit le dédale d'îles transverses, se dresse l'unique usine baleinière sur le territoire français : Port-Jeanne-d'Arc.

Les habitants actuels de l'île, par paresse et goût du langage codé, emploient plus volontiers l'acronyme PJD'A. Imitant la mémoire qui ne retient que des bribes, imitant le vent qui érode et détruit, ils ne retiennent plus du nom inscrit sur la carte qu'un squelette, une esquisse…

Ce lieu étrange est né de la vision de Henry et René Bossière. Leur père Émile, armateur au Havre, qui avait fait fortune dans le transport maritime et fut l'un des principaux acteurs français de la chasse à la baleine, se garde bien de mettre un sou dans l'affaire de ses fils. Les deux frères partagent un rêve : créer une colonie aux îles Kerguelen. Aucun Français n'y était retourné depuis la découverte par Yves-Marie Joseph de Kerguelen, en 1772. Pendant tout le XIXe siècle, baleiniers américains et anglais y exploitaient les troupeaux de baleines sans aucun contrôle. Il fallait réagir, avant que d'autres puissances...

Les Bossière font jouer leurs relations. En 1893, l'aviso *Eure* réitère la prise de possession. Et un décret du 31 juillet 1893 du président de la République Sadi Carnot — dont l'Histoire n'a retenu le nom que parce qu'il fut assassiné — concède pour cinquante ans l'exploitation des ressources de l'archipel aux Bossière. La République, sans jamais subventionner le projet, lui donnait au moins un titre juridique.

René Bossière porte depuis un décret du 26 mars 1896 le titre officiel, sublime et vain, de résident de France aux Kerguelen — mais il n'y réside pas. Il quitte Le Havre en 1899 pour la Patagonie et les Malouines, afin d'étudier l'élevage ovin et la colonisation agricole sous un climat qu'il croit comparable. Il rentre en France en 1901, après épuisement de ses capitaux. Il ne s'est toujours rien passé aux Kerguelen.

Leurs fonds sont insuffisants ? Les techniques inconnues ? Le personnel introuvable ? Alors il faut trouver des partenaires. Avec l'accord du ministère, les frères Bossière choisissent de sous-traiter l'exploitation baleinière à la société norvégienne Storm, Bull and Cie. Moyennant redevance, ces partenaires venus du Nord sont autorisés à chasser et à construire une usine.

En cette orée du siècle, les usines à terre remplacent peu à peu les navires baleiniers. Aux Malouines, en Géorgie du Sud, en Afrique du Sud, en Australie, en Nouvelle-Zélande aussi des usines sont édifiées. La Norvège, qui vient de reconquérir son indépendance, sait que son avenir est à la mer.

La France, inconsolable de la défaite de 1870, porte au pinacle une jeune Lorraine du Moyen Âge, en fait le symbole de la résistance aux envahisseurs, baptise de son nom maintes rues de province, va obtenir sa béatification puis sa canonisation. L'expansion coloniale participe du même projet de restauration de la grandeur de la France. Lorsque Henry Bossière, en 1908, arrive enfin à Kerguelen pour se rendre compte de l'activité des Norvégiens, il débarque d'un navire portant le nom de la bientôt bienheureuse et bientôt sainte.

Les Norvégiens, avec habileté et courtoisie, vont donc choisir ce nom, Port-Jeanne-d'Arc, pourtant pour eux si difficile à prononcer et si étranger à leur histoire comme à leur austérité protestante. Un nom scandinave eût mieux convenu à ce panorama de fjords et d'îlots.

Selon un schéma industriel rigoureux, les éléments préfabriqués de l'usine sont embarqués à Christiania — aujourd'hui Oslo — et, en novembre 1908, une centaine de Norvégiens entament la construction de tous les bâtiments. Henry Bossière pose le pied à Kerguelen pendant l'été austral 1908-1909, et ce bref séjour, ces prémices auront sans doute été le moment le plus heureux de son rêve. Les Norvégiens exploitent l'usine jusqu'en 1913, et tuent quatre cent quarante-deux cétacés, surtout des mégaptères. Après la Grande Guerre, l'usine repart avec la société Irvin and Johnson, anglo-norvégienne.

Les baleinières — à moteur, désormais — harponnaient leur proie et la remorquaient jusqu'à un plan incliné, porte d'entrée de l'usine. La dépouille y était crochée, hissée, découpée, l'huile extraite et mise en cuve, les restes rejetés à la mer. Le processus requérait une main-d'œuvre abondante pour trancher, mettre à cuire, approvisionner en charbon, avitailler et armer les baleinières, produire l'eau et la chaleur pour l'usine et les hommes.

Ce modèle économique n'avait de sens que si les baleines abondaient à proximité — autant dire qu'il programmait sa disparition à moyen terme. En outre, l'usine de Port-Jeanne-d'Arc souffre d'un vice de conception dès le départ : non pas dans sa conception matérielle, mais dans le choix de son implantation. Les veines de charbon repérées, médiocres et de faible importance, ne purent jamais subvenir aux besoins en énergie. La chasse dans le golfe se révéla décevante, et les chasses hors du golfe, plus prometteuses, nécessitaient à chaque sortie au moins une demi-journée de navigation avant d'arriver sur zone. Il eût été plus efficient d'implanter l'usine directement sur l'océan Austral — mais avec la certitude d'affronter toutes les tempêtes sans protection… Peu à peu, les temps de transit s'allongèrent, les prises diminuèrent, la rentabilité s'effondra. La production complémentaire d'huile d'éléphant de mer ne suffit pas à la restaurer. Au terme du cycle, il est plus rationnel de traiter la baleine sur le navire qui l'a capturée — donc de réinventer le navire-usine.

En 1924, le gouvernement français met les frères Bossière en demeure d'exploiter eux-mêmes la ressource, au lieu de se contenter d'empocher des royalties. Le contrat avec Irvin and Johnson s'achève en 1929 et ne sera pas reconduit. Les Bossière redeviennent armateurs, mais leur navire fait naufrage. L'usine de Port-Jeanne-d'Arc s'arrête. Elle ne repartira jamais.

Les frères Bossière tentèrent d'autres aventures, l'exploitation de moutons à Port-Couvreux, sur la côte ouest de Kerguelen, la prospection minière, la pêche à la langouste à l'île Saint-Paul. Toutes échouèrent, et la dernière tourna à la tragédie en 1931. À la suite du scandale, l'État prononce en 1936 la déchéance de la concession, dans laquelle les frères Bossière ont perdu leur fortune, leur réputation et leur honneur. Ils meurent oubliés en 1941.

Dans cette aventure aussi absurde que grandiose se lisent toutes les contradictions de l'épopée coloniale de la France : des rêveurs portant un projet trop grand pour eux ; un gouvernement tatillon sur les procédures mais sans projet ; des capitaux insuffisants et mal investis ; et la chance, jamais au rendez-vous.

L'usine et la station baleinière étaient encore en bon état jusqu'aux années 1960. Une telle résistance au climat, sans aucun entretien sur près d'un demi-siècle, en dit long sur l'habileté et le sérieux de ces ingénieurs, contremaîtres et ouvriers norvégiens. Le vent a fini par trouver un passage entre le bardage en bois et les énormes cuves qu'il protégeait, les planches se sont envolées les unes après les autres, laissant à nu le treillis de poteaux métalliques. Certains ont cédé, les cuves se sont déchaussées de leur bâti et penchent désormais. Le réseau complexe de tuyauterie de cuivre gît épars dans les scories et parmi d'indéfinissables débris.

Le ponton, après avoir perdu la majeure partie de son tablier, dessine seulement le souvenir de ce qu'il fut. La voie Decauville qui le desservait, rails disjoints, courbes illisibles, est également presque évanouie déjà, chaque hiver en effaçant une planche ou une section, les mousses peu à peu y reprennent leurs droits. Les doris, retournés dans l'herbe rase, ne subsistent que par leurs membrures.

Des deux bâtiments principaux, l'un — celui des ouvriers — a pris de la gîte, comme un navire en train de sombrer dans une houle immobile. Son accès est condamné, un câble d'acier le ceint et tente de le maintenir encore un peu. Ses fondations côté nord s'enfoncent dans un sol tourbeux toujours gorgé d'eau. Sa ruine est certaine, encore qu'il y faille du temps, les robustes poutres qui le portent ayant été profondément enfoncées. Les dortoirs de six, avec leurs étroites couchettes en bois superposées, les peintures naïves dont les couleurs s'affadissent, les graffitis en norvégien, les doubles-fenêtres à petits carreaux donnant sur la baie, les coursives en planches où aucune galoche ne résonnera plus sont irrémédiablement condamnés.

L'autre bâtiment, un peu plus petit, était destiné au chef de station, au médecin et à l'infirmerie. En meilleur état, il tient lieu de refuge aux hivernants en balade. À peine entretenu, mais fier d'être utile quelques nuits par an, il semble décidé à vivre encore.

Au bout de la modeste plaine, sur un premier renflement de terrain dominant la mer, quelques croix de guingois. D'autres se sont effondrées. Des noms, des prénoms, des dates gravés au couteau apparaissent encore pour partie dans le bois érodé et comme passé au papier de verre par un siècle de vent.

Quand la lumière du soir se fait douce et rasante, on peut distinguer ici un *Jan*, là les souvenirs d'une date, là encore un nom de famille dont ne subsiste plus que la dernière syllabe : ...*sson*.

Pendant cinq années, le gouvernement m'a confié la charge d'administrer les Kerguelen et les autres îles désertes du grand sud de l'océan Indien. Avec le titre désuet d'administrateur supérieur, la plénitude des pouvoirs et quasiment jamais aucune consigne de Paris, j'ai vécu chacune des journées de ce proconsulat avec un intense bonheur professionnel.

Hervé Gaymard, alors ministre de l'Agriculture et de la Pêche, que, savoyard, je connaissais depuis longtemps, m'a dit un soir, dans les salons aux lourds meubles noirs Compagnie des Indes de la préfecture de La Réunion : « Tu sais que tu as de la chance ? Tu occupes le plus beau poste de la République. J'en ai rêvé... » En effet. Dans ma carrière, j'ai exercé des responsabilités plus lourdes, géré des équipes plus nombreuses et des budgets plus importants, pris des décisions plus essentielles, rencontré des succès ou des échecs plus remarquables. Mais aucune autre mission ne m'a donné ce sentiment vertigineux et presque physique de l'exercice concret du pouvoir sur les hommes et les terres.

Dans ce cadre, j'ai tenté de sauver Port-Jeanne-d'Arc, jetant les prémices d'une politique du patrimoine. Les deux immenses cuves de stockage sont définitivement ruinées, leur habillage de planches enfui. Leur armature métallique, tordue, rongée, disjointe, ne tient plus que par la rouille et la force de l'habitude. Un sauvetage exigerait des moyens hors de proportion, pour un chantier du bout du monde aux innombrables difficultés logistiques. Ces cuves disparaîtront un jour, comme a disparu la chasse à la baleine.

Plusieurs bâtiments annexes — porcherie, magasin, voilerie, forge... — ne sont plus que soubassements de pierres cernés d'un drain et planches éparses négligées par le vent. Sur le conseil d'un archéologue spécialiste des milieux arctiques et subantarctiques, je choisis de sauver la forge. En deux campagnes d'été, la maisonnette fut démontée jusqu'aux fondations, pour qu'un solide lit de béton lui donne une nouvelle assise. Elle fut ensuite reconstruite à l'identique, avec réemploi des planches d'origine si possible, et repeinte : l'entreprise norvégienne qui avait fourni la peinture un siècle plus tôt existe toujours, et a conservé dans son catalogue et sous la même référence la même exacte nuance sang de bœuf utilisée alors. La forge, démontée, nettoyée, graissée, repeinte, fut réinstallée. Quelques panneaux explicatifs donnent du sens à ce mausolée, isolat rouge éclatant dans un paysage vert sombre et gris.

À vrai dire, pour rendre hommage à l'âpre beauté du site, mieux vaut y arriver à pied, exténué par une randonnée de plusieurs jours.

Un point de départ s'impose : au fond du fjord Jules- Laboureur, l'île de la Baleine. Ce nom décrit son profil en travers, comme le montre un timbre des Terres Australes émis en son honneur. On évitera de la confondre avec son homonyme vietnamien, à deux heures de Nha Trang : cette erreur allongerait considérablement le trajet.

Point de sentiers ni de topoguide. Quittant la plage de graviers, chacun avance où il veut dans un lacis de croupes et de plans d'eau. La marche d'abord semble facile, sur un terrain caillouteux qui monte régulièrement. Peu à peu néanmoins le sol se plisse, devient comme un drap froissé, où les ondulations font quelques mètres, sur un lit de plus en plus pentu. À monter et descendre ces rides, on perdrait vite le cap. Certes un val anonyme en contrebas ou une montagne dans le lointain semblent donner une référence certaine. Pourtant tout cheminement dans ce terrain montueux ondule comme la progression d'un serpent.

Dans quelques heures, avec le poids du sac à dos et l'inconfort des bottes, il faudra passer sur l'autre versant de l'effort, celui où l'on peut encore aller vaillamment, s'amuser, s'émouvoir, mais où le corps qui marche et l'esprit qui décide, jusqu'à présent unis, ont entamé un dialogue. Et chacun sait qui, à terme, aura le dernier mot ; et qui paiera le prix.

À force de prendre de l'altitude, le paysage s'ouvre enfin à un plateau supérieur, à six ou sept cents mètres : une steppe miniature, d'infimes vallons, des mares, des cairns dressés par le hasard, un champ d'éboulis comme si une aiguille s'était effondrée sous son propre poids, le pavement de basalte d'une crypte, des blocs erratiques çà et là — mais quels glaciers ont pu les charrier aussi haut ? —, des champs de terre meuble où le gel dispose les cailloux en octogones. Sans le repère du fond d'aucune vallée ni l'orientation d'un bras de mer, il faut progresser désorienté sur ce causse offert à tous les vents. Et peut-être le marcheur aura-t-il le privilège d'éprouver ce sentiment poétique, délicieux et terrible : se savoir le premier homme à fouler ce sol, et cette responsabilité doit rendre plus grave. Aucun dépucelage n'est innocent.

La logique commanderait sans doute de tirer absolument à main gauche, pour redescendre au plus près de la mer et du projet d'itinéraire. Mais qu'est-ce que la logique aurait à voir avec ce paysage immense ?

Enfin un vallon se dessine et se creuse, suggérant une poterne de sortie. Sur son flanc ouest apparaît un col anonyme, une indentation peu marquée dans une large selle ouverte et paisible. De ce belvédère, le flanc est se révèle un relief taillé à la serpe, des falaises de basalte dégringolant jusqu'à un lac trois cents mètres plus bas. Un seul passage, un étroit couloir glaiseux, chamoniard par la pente et l'étroitesse. Il faut y descendre tout droit, précautionneusement, dans cette terre molle où le pied glisse, presque à la hauteur du bonnet de celui qui précède.

Le plan d'eau, aux reflets presque noirs, semble sortir d'un tableau postromantique. Les cailloux qui partent sous les pas hésitants y terminent leur course pratiquement sans rebonds, et invitent à les imiter. Il faut rester très concentré dans l'effort pour finir la descente, dans ce qui ressemble de plus en plus à un escalator boueux s'enfonçant vers le Styx.

La suite de l'itinéraire part de l'autre côté du lac. Dans ce paysage wagnérien, chacun rêve de voir apparaître une jeune vierge aux tresses blondes sur sa yole, ou un cygne prêt à l'embarquer... En vain : avec un soupir, il faut se résigner à l'idée d'en faire le tour.

Enfin, après une longue vallée plate et boueuse, l'itinéraire rejoint une plage, au bout de laquelle une cabane près d'une bruyante cascade permet de passer la nuit.

Le lendemain, le piémont, constitué d'une série de mamelons chevauchants, comme un labyrinthe en trois dimensions, offre une échappatoire. Il faut abandonner résolument la plaine côtière humide, piquetée de taupinières géantes, pointues, aux formes baroques — des laves remontées d'une éruption sous l'effet de bulles de gaz et figées pour l'éternité.

Au terme de quelques heures, à nouveau sur un plus modeste plateau, coule une rivière, à l'équerre de la direction de PJD'A. Pas d'autre solution que de passer à gué, après avoir repéré un endroit où le lit un peu plus large fait espérer une profondeur moindre. Avec un soupir de résignation, enlever pantalon, chaussettes et bottes, pour les arrimer solidement au sommet du sac à dos. Pieds nus, agrippés aux bâtons de marche, oser s'aventurer dans le flot couleur d'anisette. Le vent narquois s'est arrêté pour regarder ces gaillards en caleçons et parkas, malhabiles et hésitants. Le froid intense brûle d'abord, puis anesthésie les pieds. La force du courant, dès que l'eau se rapproche du genou, manque de faire trébucher. Il faut avancer à tout petits pas, boitillant, courbés en deux, comme des vieillards ivres, dépasser le milieu du lit, où pourtant le fond ne remonte pas. Parfois un trou invisible compromet l'équilibre. Enfin la berge opposée se rapproche, le courant y rebondit et se renforce. Un dernier effort, et l'obstacle est franchi. En guise de péage, des pieds ensanglantés, pour avoir, durant toute la traversée, heurté des pierres pointues, sans rien sentir à cause du froid, sans autre souci que de ne pas chavirer. Ces égratignures sont les stigmates de la victoire.

Une deuxième cabane permettra de reprendre des forces. Et le troisième jour, en longeant la mer sur les trois côtés d'un isthme bas, tout envahi d'éléphants de mer somnolents, lorsque les forces commencent à manquer, se profile enfin l'étrange village abandonné.

La seule usine baleinière existant sur un sol français finira par s'effondrer, bien longtemps après la chasse qu'elle servait. Seuls quelques spécialistes se souviennent de cette discrète épopée placée sous l'égide de la sainte venue de Lorraine.

Mais dans cette île, française depuis la prise de possession par le chevalier de Kerguelen en 1772, occupée de manière continue depuis 1949 seulement, d'une manière si ténue, si marginale, si artificielle, sans enfants ni vieillards, avec si peu de femmes, où les hivernants ne séjournent jamais plus de quinze mois d'affilée, quelle autre profondeur historique donne du sens à ce paysage dans lequel l'homme est toujours absent, sinon ce nom qui claque comme un drapeau tricolore, effiloché dans le vent incessant des quarantièmes : Port-Jeanne-d'Arc.

Dans la pièce où j'écris, une grande photographie prise là-bas par un ami marin est accrochée au mur. Au premier plan, la mer grise, toute plissée de vagues courtes ; au fond, le mont Ross, éblouissant de blancheur sur un ciel inhabituellement bleu azur ; au milieu, sur une terrasse vert bronze, les sobres bâtiments de PJD'A. L'usine baleinière, dans mes souvenirs comme dans cette image, n'est animée du mouvement d'aucun ouvrier, n'émet ni fumées ni odeurs de viandes et de graisses, ne résonne d'aucun appel ni d'aucune machine. Épurée de tout ce qui la faisait vivre, elle suggère une sérénité absolue, une communion avec la nature. J'ai failli m'y laisser prendre : je croyais contempler un monastère, et je découvrais une scène de crimes.

24

Armoires

L'arrêt de la chasse a fait disparaître des produits autrefois familiers. La baleine, à travers les fragments de son corps dépecé, s'est peu à peu retirée de nos intérieurs.

Je n'ai jamais senti sous mes doigts la texture du spermaceti, cette substance gélatineuse issue de son crâne, autrefois utilisée pour les crèmes et les fards. Je n'ai jamais touché une vraie baleine de corset, sciée et ébarbée d'un fanon de sa bouche. Je n'ai jamais humé l'ambre gris des parfumeurs, concrétion née dans l'estomac des cachalots. Personne autour de moi n'utilise plus ces produits. Ils ont quitté les placards de nos aïeules pour s'ensevelir dans des greniers infréquentés, ou l'oubli. Dans cet oubli s'engloutissent aussi les vies de milliers d'ouvrières et d'apprentis, passés du mauvais côté de l'histoire.

Dépossédées des voyages et des légendes, de plus en plus artificieusement éloignées de la nature, nos armoires à linge ou à pharmacie sont devenues ennuyeuses.

25

Diplomates

À la télévision, je vois un groupe pataud de baleines verticales agitant des pancartes, sur les marches d'un grand hôtel bordé de palmiers. Des policiers créoles en uniforme blanc, rigolards, devinent combien les activistes doivent transpirer dans leur déguisement. Les journalistes sont plus nombreux que les manifestants, et cette saynète convenue n'altère en rien le ballet des limousines.

Dans je ne sais quelle île tropicale se déroule la réunion annuelle de la Commission baleinière internationale. Depuis près d'un siècle, les baleines ont fait aussi irruption dans le droit international. Leur sort est actuellement régi par la convention de 1946, qui vise à protéger les chasseurs et non les proies :

- *Reconnaissant que les nations du monde ont intérêt à sauvegarder au profit des générations futures les grandes ressources naturelles représentées par les populations de baleines […] ;*
- *reconnaissant que les populations de baleines sont susceptibles d'accroissement naturel si la*

chasse baleinière fait l'objet d'une réglementation judicieuse, et que l'accroissement des populations de baleines permettra d'augmenter le nombre de baleines pouvant être capturées sans compromettre ces ressources naturelles [...] ;

• ayant résolu de conclure une convention prévoyant la conservation judicieuse des populations de baleines et, partant, de rendre possible le développement ordonné de l'industrie baleinière...

La commission vit sur ce malentendu originel, dénoncé désormais comme un péché originel. Les manifestants qui piétinent sur le seuil de la salle de conférences en jouent.

La poursuite de la chasse heurte une bonne partie des Occidentaux. La chasse dite scientifique des Japonais dans l'océan Antarctique leur semble particulièrement choquante. L'obstination nippone ne se justifie ni par l'apport en protéines ni par le poids économique du secteur. La diplomatie japonaise consacre à la sauvegarde de ses positions sur ce sujet une énergie tout à fait hors de proportion. La baleine et la rationalité ne font pas toujours bon ménage.

D'autres espèces emblématiques sont abattues pour leur viande ou leur corne, ou sont victimes de la déforestation. Leur triste sort suscite la compassion, mais rien de comparable à la répulsion, à la réprobation sans bornes que provoque la chasse à la baleine dans la plupart des pays occidentaux.

Le terme baleine participe à l'ambiguïté : les animaux chassés en Antarctique ne sont ni la baleine franche ni la baleine grise, interdites depuis 1931, mais essentiellement le rorqual de Minke (*Balaenoptera acutorostrata*). Peu importe cette précision zoologique, qui déjà paraît suspecte, et maudits soient les chasseurs de baleines, y compris Minke ou Meinke, baleinier norvégien du XIXe siècle.

Au-delà de la dénonciation et des campagnes d'opinion, certains activistes choisissent d'aller s'opposer physiquement aux chasses japonaises dans l'extrême Sud, harcèlent les navires, perturbent les opérations et parviennent à en diminuer l'efficacité. Et malgré leurs méthodes violentes, qui recherchent la confrontation, ils s'attirent la sympathie de l'opinion occidentale, pour qui en cette matière la fin justifie les moyens.

Pourquoi donc tant de passion, pourquoi une opposition aussi radicale ? Pourquoi les mêmes ne lancent-ils pas des expéditions conçues sur le même principe contre les braconniers d'Afrique centrale ou les Chinois acheteurs d'ivoire ? Il y a sans doute dans le monde de plus graves crimes écologiques. Mais aucun n'est dénoncé avec autant de véhémence. Et la demi-douzaine de manifestants, ridicules dans leur déguisement de baleine, le sait.

Ici devrait venir une envolée lyrique, que dis-je, hugolienne, pour ajouter ma voix à ce concert. Mais je ne me sens pas une âme de donneur de leçons, et si on veut bien me faire crédit de mon indignation, on conviendra qu'elle ne contribuera pas à changer le monde. Je m'incline devant les baleines chassées dans l'océan Austral et je continue.

Le destin des cétacés nous conduit à une sourde nostalgie. Nous savons vaguement que jusqu'au milieu du XXᵉ siècle la chasse était pratiquée par tous les pays, dont la France, au point de menacer la survie des espèces. Les mesures prises les ont sauvés de justesse. Et nous paraissons ne toujours pas entendre la leçon qu'ils nous donnent.

Ces animaux paisibles s'ébattent dans les paysages vierges de l'Antarctique, dans un rêve de blancheur, de terres et de mers inviolées depuis la Création. Et c'est là que des navires-usines aux équipements sophistiqués viennent les traquer et les mettre à mort.

Le choc entre la sérénité que nous leur prêtons et la violence de cette chasse nous heurte de plein fouet. Il nous renvoie à nos contradictions, nos lâchetés, nos échecs dans notre relation avec la nature.

Notre histoire avec les cétacés est bien plus ancienne qu'avec les grands singes, les tigres ou les éléphants. Entre eux et nous persiste une proximité dont ne peuvent se prévaloir d'autres mammifères sauvages menacés.

L'histoire est, paraît-il, écrite par les vainqueurs. Ici, qui est vainqueur ? Et qu'est-ce qu'une victoire ? Il importe que cette histoire soit aussi racontée du point de vue des baleines. Y a-t-il chez elles des mémorialistes, des griots ? Et dans leurs récits, parlent-ils de nous ?

« Depuis l'aube des temps, nous ne nous souciions pas d'eux. Ils entraient parfois dans l'eau, pêchaient, ramassaient des coquillages, nageaient si maladroitement…

« Il y a soixante générations, ils ont commencé à fabriquer des objets en bois de plus en plus gros pour aller sur la mer de plus en plus loin. Assez souvent, ils mouraient.

« Il y a seize générations, juchés sur ces coques de noix, ils se sont mis à nous piquer, à nous faire mal, parfois à tuer les plus faibles ou les plus jeunes d'entre nous.

« Il y a huit générations, ils se sont enhardis, sont devenus plus efficaces dans leurs combats contre nous et plus aventureux dans leurs voyages. Ils ont commencé à nous éradiquer des mers bordières de l'Europe.

« Il y a six générations, leurs campagnes sont devenues systématiques, comme les massacres.

« Il y a quatre générations, après une pause pendant laquelle ils se tuaient entre eux, la traque a repris de plus belle, à une échelle jamais atteinte, et nous avons compris que nous risquions de disparaître.

« Il y a trois générations, plus aucune espèce, plus aucune zone refuge n'était à l'abri de leurs harpons qui explosent dans nos chairs. Nous sommes mortes par centaines de milliers, dans des flots de sang, sans savoir pourquoi.

« Il y a deux générations, la chasse se ralentit d'elle-même, faute de proies. Hébétées, les survivantes se terraient aux confins du monde.

« Depuis une génération, ils nous laissent à peu près tranquilles. »

26

Port-Louis-Philippe

43° 48' S. - 172° 57' E.

Malice de l'histoire, jamais aucune implantation coloniale n'a fait florès sur l'industrie baleinière.

En 1838, l'audacieux capitaine du *Cachalot*, Jean-François Langlois, chassait la baleine au sud de la Nouvelle-Zélande. Sa première campagne aux antipodes se révéla fructueuse, et il constata combien lui serait utile une base arrière. Les transits allers-retours depuis la France s'avéraient longs, coûteux, incertains. S'il disposait d'un établissement fixe, comme les Anglais déjà bien implantés dans l'île du Nord... Si des compatriotes installés en quelque baie abritée pouvaient se faire jardiniers, forgerons, voiliers, charpentiers... Si un médecin et quelques tavernes pouvaient apporter du réconfort aux équipages... Si la marine royale assurait la protection de cette colonie naissante et de la flotte baleinière dans ses campagnes...

Le capitaine Langlois prit langue avec quelques chefs de tribu de la côte est, la plus accessible. À force de palabres, il obtint d'eux, le 2 août 1838, d'acheter une bonne partie de la péninsule de Banks — ainsi baptisée par James Cook pour honorer le botaniste de son expédition —, soit plus de mille kilomètres carrés, profondément entaillés par deux fjords étroits et protégés des vents. Dans celui qui regarde vers le sud, une baie abritée parut le site idéal pour fonder une colonie : Akaroa.

Le prix fut fixé à mille francs, dont cent cinquante réglés sur-le-champ en nature, sous la forme d'une malle remplie de vêtements usagés.

La notion occidentale de propriété privée n'avait aucune signification pour les chefs maoris. Leur consentement et leurs signatures ne pouvaient reposer que sur un malentendu, mais qui s'en souciait ? Le capitaine Langlois attendait d'eux, sur le même malentendu, qu'ils appellent la souveraineté de la France, ce à quoi ils consentirent bien volontiers. Muni de ces titres fonciers et de cette promesse politique également ambigus, Langlois rentre au Havre en mai 1839, et fait aussitôt campagne sur son projet. Il y intéresse des investisseurs, qui fondent le 8 novembre 1839 la Compagnie nanto-bordelaise et lui rachètent la péninsule de Banks.

Pour fonder une colonie, il faut des colons, et l'autorisation du roi.

Pour les colons, dans cette France du début de l'exode rural, la main-d'œuvre abonde et les esprits aventureux ne manquent pas. Convaincus par une habile propagande, des Normands, des Charentais acceptent de faire ce pari sur l'inconnu et la perspective d'un voyage sans retour. Les familles Eteveneaux, Lelièvre, Gendrot, Malmanche, Libeau… se décident à tenter l'aventure.

Pour l'accord du roi, les choses furent plus compliquées. Un obscur projet en Nouvelle-Zélande ne devait pas compromettre l'Entente cordiale, selon l'expression bientôt forgée par Guizot. Les ministères s'inquiétaient. N'allait-on pas maladroitement provoquer l'Angleterre ? Mais Londres n'avait encore formé aucune revendication sur cet archipel lointain. Les possibilités de développement de la chasse à la baleine, d'exploitation de ressources naturelles et agricoles jusqu'alors inviolées, la création d'un point d'appui pour notre marine royale, la perspective de rebondir vers d'autres îles sans maître du Grand Océan, tout concourait à soutenir pareil projet.

La Compagnie nanto-bordelaise sut intéresser à son projet le duc Decazes, ancien président du Conseil et industriel influent. Par son intermédiaire et celui du maréchal Soult, le roi donne son accord le 11 décembre 1839. Le gouvernement subventionne l'expédition et lui fournit un navire.

Y avait-il un risque d'affrontement direct, voire de guerre, avec le Royaume-Uni pour une île du Pacifique ? En 1842, la France s'empare de Tahiti et expulse le pasteur Pritchard, défenseur de l'influence anglaise et protestante. En 1839, ce dernier avait proposé à Palmerston, Premier ministre britannique, d'annexer Tahiti, mais sans succès. Londres proteste contre l'éviction du pasteur, Paris renonce provisoirement à l'annexion et revient au protectorat, Pritchard est indemnisé… Mais la messe est dite, et la Polynésie bascule dans la zone française, sans trouble durable ni guerre. Les mêmes concurrences coloniales se seraient réglées de la même manière pour l'île du Sud.

Le 19 février 1840, l'expédition quitta Rochefort. La corvette *Aube*, sous le commandement du capitaine Lavaud, portant le titre de commissaire du roi, fut suivie le lendemain du *Comte de Paris* — le petit-fils du roi, âgé de deux ans —, commandé par Langlois et à bord duquel ont embarqué les quatre-vingts colons.

La flotte de colons arriva devant Akaroa — qui devait être rebaptisé Port-Louis-Philippe — le 15 août. Hélas ! l'Union Jack y flottait depuis l'avant-veille. La souveraineté anglaise sur la Nouvelle-Zélande avait été proclamée le 6 février 1840 par le traité de Waitangi, signé avec quelques chefs de l'île du Nord. Un navire anglais fut ensuite envoyé vers l'île du Sud et le mouillage reconnu d'Akaroa pour y réitérer la cérémonie. À deux jours près, les Anglais gagnaient la course, et tout l'archipel.

Le commissaire du roi n'avait aucun mandat, sans doute aucun goût, et en tout cas aucun moyen militaire de contester le fait accompli. Il s'inclina, abandonna son titre désormais inutile et installa les colons, sans heurts avec l'autorité du gouverneur anglais. Le capitaine Langlois retourna à son premier métier, on lui souhaite encore quelques belles campagnes de chasse et plus de succès dans ses projets ultérieurs.

(Les historiens contemporains relèvent toutefois que la course pour Akaroa relève plutôt de la légende. L'*Aube* avait fait relâche dans la baie des

Îles, sur le site de l'actuel Auckland, où le capitaine Lavaud avait eu tout loisir de s'informer de l'état d'esprit des Anglais. Il n'ignorait sans doute pas le départ du navire concurrent vers l'île du Sud, et l'aurait suivi sans se presser, pour éviter tout conflit. On peut rendre hommage au sens politique dont il aurait alors fait preuve. Mais si l'anecdote devient moins spectaculaire, elle n'infirme pas la compétition entre les deux nations.)

Les colons, eux, étaient venus chercher une terre et une vie nouvelles, et peu leur importait sous quel pavillon. Ils s'établirent, défrichèrent, construisirent des maisons, des hangars, des appontements, des entrepôts. Ils firent souche. Leurs descendants ont été peu à peu assimilés par leur environnement anglophone. À Akaroa, seuls des patronymes français et des plaques de rue bilingues témoignent encore pour eux.

Je ne peux m'empêcher d'imaginer ce qui se serait passé si la décision royale ou la flotte de colons avaient été un peu plus rapides. L'île du Nord eût été anglaise et protestante et celle du Sud française et catholique, se mesurant de part et d'autre du détroit de Cook. La colonie agricole, dans cette île du Sud fertile, avec un climat proche de celui de l'Europe, était promise à un bel avenir. Le capitaine Langlois eût édifié un empire maritime fondé sur la chasse à la baleine. Maire et mécène, il eût en trente ans fait de Port-Louis-Philippe un Bordeaux antipodique. Depuis cette base, la présence française se serait déployée dans le Pacifique de manière plus assurée. L'île du Nord se serait détachée en douceur de Londres, l'île du Sud eût rallié le général de Gaulle en 1940 et serait restée farouchement française. Et aujourd'hui, ses plus vaillants guerriers s'illustreraient dans l'équipe de France de rugby…

Tout cela pour deux jours de retard !

27

Harpons

Je n'en peux plus. J'étouffe. Je suis saturé de violence, de mises à mort, de baleines dépecées, d'hommes abrutis de fatigue pataugeant dans la graisse et le sang, de morceaux de lard encore tiède jetés dans des chaudrons.

Plus de lances ni de piques.
Plus de harpons hérissés de barbules ni, plus modernes, équipés d'une tête armée d'explosifs.
Je récuse l'idée de saisir, d'attraper, de crocher, d'appréhender, de s'approprier.
Plus de microscopes pour scruter l'intérieur des chairs.
Plus d'appareils pour photographier leur image.

Je veux aller vers les baleines les mains ouvertes.

III

LE CIEL

28

Azur

Depuis mon retour des îles, j'habite face au mont Blanc.

Il m'est arrivé parfois incongrûment de repenser à la Martinique — non pas à ses plages, à la douceur de l'air tropical, mais à cette bête échouée qu'il y a vingt ans j'avais dû prendre en charge et, ne sachant comment m'en débarrasser, faire exploser.

Plusieurs fois, j'ai fait le récit de cette minuscule aventure sur le mode comique, pour amuser mes convives. Mais cette hilarité ne me réjouissait pas complètement, sans que je comprenne pourquoi.

C'est sur mon balcon que j'ai découvert *Baleine*, une brève nouvelle publiée par Paul Gadenne en 1949. Je n'avais jamais entendu parler de cet écrivain, né en 1907, tuberculeux à vingt-cinq ans, emporté par la maladie en 1956. À de nombreuses reprises, il fut hospitalisé au sanatorium de Praz-Coutant, à quelques kilomètres de mon chalet. Peut-être est-ce sur la terrasse de sa chambre, contemplant les neiges éternelles, qu'il a composé son récit. Je le lis dans le même paysage. C'est dans les montagnes qu'on écrit le mieux sur la mer, et il me plaît qu'une baleine d'altitude nous relie ainsi par-delà le temps.

Bien sûr, on ne peut raconter *Baleine*. L'anecdote y est infime, les péripéties absentes, et on chercherait en vain une chute à la fin. Qui sont ces gens alanguis dans la torpeur estivale d'une grande maison ? Jeunes sans doute, libres, amoureux pour certains. Des vacanciers semble-t-il, ou plutôt des réfugiés, chassés par un « cataclysme européen », dont la fuite se serait arrêtée à l'océan. Un fait divers vient interrompre leur apathie balnéaire : une baleine s'est échouée, et elle pue.

L'anecdote est d'abord rapportée de seconde main : la fille qui apporte le lait, le facteur, un employé du cadastre, un ingénieur, une passante, une marchande de poissons, chacun y va de son bref commentaire.

Le narrateur, Pierre, décide d'y sacrifier un thé chez la comtesse — dans ce temps blanc et vide subsistent encore une aristocratie et une cérémonie du thé — et d'y emmener en promenade son amie Odile. Elle partage sa curiosité, mais s'inquiète d'un long trajet.

Comme tout est désert !... Croyez-vous sérieusement que nous allons trouver quelque chose dans un endroit pareil ? dit-elle, comme si la baleine avait dû choisir pour s'y poser une plage mondaine.

Ils poursuivent donc sous les arbres, ne voyant toujours pas la mer. Et que vaut leur errance, comparée à celle de l'animal ?

Il était déjà bien assez surprenant à mon avis qu'elle n'eût pas échoué sur une banquise, un atoll ou une île déserte; qu'elle eût fait jusqu'à nous ce long voyage; que les courants l'eussent ballottée jusqu'à cette côte de France, en même temps que d'autres courants nous y amenaient nous-mêmes, Odile et moi, de points si éloignés du monde, pour nous mettre un soir en présence, à l'improviste, à l'orée d'un jardin tout bruissant d'eucalyptus, si tristes et si maigres sous leurs lamelles effilées...

Ils parviennent enfin à la plage :

Nous circulions dans une parfaite solitude, entre deux ou trois lignes simples, où notre œil n'aurait pu déceler le plus léger accident : la ligne noire de la forêt, à notre droite; une ligne dorée, devant nous, à la frontière du sable et de l'écume; et à gauche un horizon liquide, dur et gonflé. Toutes ces lignes couraient se rejoindre sous nos yeux, en un point éloigné vers lequel nous entraînait leur convergence, et qui fuyait toujours. C'était bien le seul paysage qui se pût concevoir pour accueillir un événement comme celui qui nous attirait en ce lieu. La baleine était appelée par cette fuite des bois et des sables, par cet univers étalé, aligné en quelques grands traits souverains.

Pierre et Odile découvrent la baleine échouée, toujours blanche quoique en voie de décomposition.

Elle était blanche, d'un blanc fade, comme le blanc du lait épanché. Ce blanc-là était bien à elle. C'était un blanc sans lumière, un blanc gelé, entièrement refermé sur lui-même, tournant le dos à toute gloire, avec une résignation à peine pathétique, vraiment le blanc d'une baleine qui ne faisait pas d'histoires, qui fuyait l'éloquence et défiait terriblement les mots.

La nature dans ce texte joue un rôle majeur : non pas une nature réaliste, mais une nature comme hallucinée, profondément subjective. Elle participe d'un sentiment métaphysique que le narrateur éprouve à travers elle. Mais que faut-il penser, ou craindre, si la splendeur de l'animal s'achève ainsi, échouée, corrompue, vouée à l'anéantissement ?

Je regardais Odile, puis la baleine; puis je retirais mon regard à la baleine, difficilement, et je le rendais à Odile, n'osant lui dire ce que je rapportais de cette confrontation, n'osant m'avouer à moi-même ce que je pensais de sa fragilité, qui était la mienne, mais sachant que je n'oublierais plus comment sa joue était inclinée contre le vent, comment claquait le pan de son imperméable, comment sa silhouette divisait la mer.

À mille mètres d'altitude, au cœur des Alpes, la baleine de mes souvenirs et celle de mes lectures se rencontrent, se cherchent et peut-être se confondent. Vaut-il mieux admirer ou faire exploser l'animal mort ? Je repensai brièvement à Kerguelen, à l'usine mortifère au pied d'un volcan englacé, lui aussi éblouissant de blancheur.

Du texte de Gadenne, je compris que le récit picaresque que j'avais parfois raconté à mes hôtes était indécent, impossible, impensable. Qui pourrait avoir le cœur assez sec ou l'âme assez vile pour se réjouir du spectacle d'une baleine en décomposition ?

Cette baleine nous paraissait être la dernière ; comme chaque homme dont la vie s'éteint nous semble être le dernier homme. Sa vue nous projetait hors du temps, hors de cette terre absurde qui dans le fracas des explosions semblait courir vers sa dernière aventure. Nous avions cru ne voir qu'une bête ensablée : nous contemplions une planète morte.

Le spectacle des montagnes aussi éteint les plaisanteries et les sarcasmes. Gadenne les contemplait avant d'écrire ses phrases parfaites. Ces sommets, ces séracs brillants, ces arêtes découpées sur l'azur, ces à-pics ombreux ne sont pas à la mesure de l'homme. Il en va de même pour les baleines, mortes ou vives.

29

Galaxie

Au-dessus de nous flotte continûment une baleine énorme, aux dimensions incommensurables, indistincte, fidèle, éternelle. Le jour, elle disparaît et nul ne sait dans quelles ténèbres elle se dissimule. La nuit, on ne peut la retrouver simplement en levant le nez en l'air, il faut une carte du ciel et prendre des repères avec des constellations plus familières.

Elle se tient à l'écart des débauches de lumière de la Voie lactée. Elle ne comporte aucune étoile brillante et, malgré son étendue dans la sphère céleste, ne fait rien pour attirer les regards. Cette zone sombre, à peine piquée d'étoiles juste visibles, évoque ce que voit de nuit le voyageur par le hublot d'un avion quand, après villes et villages brillamment éclairés, il survole une forêt étendue et déserte, et croit deviner ici une maison isolée, là une voiture, lumignons tremblotants que l'œil peine à discerner.

Trop savant, l'homme moderne dédaigne les constellations, qu'il tient pour arbitraires, inutiles, naïves. D'ailleurs, il ne regarde plus la voûte étoilée, qui a disparu de nos nuits citadines. Il a appris à penser l'espace en trois dimensions, dans son insondable profondeur, les objets proches et qu'il espère atteindre un jour, et, de plus en plus lointains, planètes extérieures, étoiles, galaxies, nuages, naines blanches, amas stellaires et autres énigmes. Pourtant le ciel nocturne se présente d'abord comme une coupole au dessin immuable qui tourne très lentement au-dessus de nos têtes. L'œil spontanément regroupe des étoiles proches et cherche à y voir des figures. Petite et Grande Ourse ou Petit et Grand Chariot, comme on voudra. Orion pour les uns, Palmier pour les autres. Et dans un recoin du ciel, basse sur l'horizon, une baleine.

Je me promène désormais la nuit en ayant vaguement peur qu'une baleine ne me tombe sur la tête. Les noms des constellations sont fixés depuis Ptolémée pour l'hémisphère Nord : les douze du zodiaque et trente-six autres. Avec celles de l'hémisphère Sud baptisées aux XVIe et XVIIe siècles, j'en dénombre au total quatre-vingt-huit. Leurs noms évoquent, hormis quelques héros de la mythologie, des animaux ou des objets familiers, les Chiens de chasse, le Lièvre, la Coupe, le Cygne, la Balance. Les animaux de la mer sont présents avec le Dauphin, les Poissons et, au sud, le Poisson volant et la Dorade.

Cette collection de noms usuels défie toute logique. Trouver la ressemblance entre telle dispersion de points lumineux et telle chose ou créature requiert un violent effort de l'imagination, ou un délicieux abandon à la poésie. (Dans leurs traditions respectives, les Chinois, les Mayas, les Arabes ont apparié différemment les étoiles et ont baptisé leurs regroupements d'autres analogies. La domination culturelle de l'Occident se lit aussi dans la carte du ciel.)

La Baleine, avec une majuscule comme titre nobiliaire, y apparaît à sa juste place. Cette constellation est la quatrième par ordre de taille pour l'hémisphère Nord, on ne pouvait quand même pas l'appeler la Fourmi. Elle est difficile à repérer en l'absence d'étoile vedette. Dans cette zone sombre de la voûte céleste, elle est cachée, comme entre deux eaux.

D'innombrables artistes depuis la Renaissance ont dessiné des sphères célestes pour des rois, des évêques, des villes, de riches marchands, et figuré les constellations, un point pour chaque étoile, une image passant par ces points et illustrant l'animal ou l'objet affecté à tel amas d'étoiles. Sur fond de ce maillage lumineux recensant les astres, ils ont représenté selon leurs codes esthétiques la Vierge, le Petit Chien, le Serpent ou le Navire Argo. Selon l'époque et les traditions, la tête de la Baleine regarde du côté du Taureau et la queue vers le Verseau, ou l'inverse. Et comme pour la plupart ils n'avaient jamais vu aucun cétacé, leurs créations — des chimères à queue fourchue, grandes dents, écailles menaçantes, fanons distendus, yeux globuleux — sont toujours fascinantes. Pour combien de jeunes princes dans le secret d'un palais la première et seule baleine jamais vue aura été cette fantasmagorie…

Je regrette un instant que, pour d'obscures raisons topologiques, elle n'ait pas été retenue parmi les douze signes du zodiaque. N'est-il jamais possible de bousculer la tradition, figée pour leur nombre comme pour leurs noms, et d'y faire une place à la baleine ? Les horoscopes qui encombrent les journaux et les ondes y gagneraient en épaisseur. Et s'il me plaît, à moi et à moi seul, de me penser Balance ascendant Baleine ?

Mais non. La discrétion des cétacés exclut cette possibilité tapageuse, et cette réputation de mauvais aloi. Je me range dans le parti de la baleine par choix raisonné, non par assignation du hasard du jour de ma naissance. Je me réjouis de n'y retrouver que de rares complices, et non un douzième de l'humanité.

Au cœur de cette constellation, l'étoile Merveille de la Baleine : *Mira Ceti*, ou, en la désignant par la lettre grecque correspondant à son intensité : *Omicron Ceti*. Merveille car ce fut la première étoile variable. Découverte comme telle en 1596, elle voit sa brillance quintupler puis décroître selon une période de près d'une année. Ce lent clignotement dans la nuit stellaire peut évoquer un phare, un point de repère pour navigateurs de l'espace. Mais non. L'éclat ne varie pour personne. Dans l'infini des étoiles possibles, pourquoi devraient-elles toutes être fixes comme l'ampoule de ma lampe ? Quarante mille étoiles variables, plus calmes ou plus agitées, avec des périodes allant de quelques minutes à mille jours terrestres, voire parfaitement irrégulières, ont été recensées. À cette aune, notre très-constant Soleil manque de fantaisie.

Le système de Ptolémée ne laissait aucune place

à l'idée même d'étoile clignotante. Comment penser un tel caprice ? Il est difficile d'imaginer au fin fond du cosmos un démon aussi malicieux que celui de Maxwell occultant à intervalles réguliers la lumière de l'étoile. Assez vite, la conception d'une étoile tournant sur elle-même s'imposa. La giration, depuis Galilée, semble une constante du fonctionnement stellaire. Ainsi, *Mira Ceti* suggère ne pas être une boule de feu, mais un objet dissymétrique, partiellement économe et partiellement flamboyant, et qui montre à notre Terre tantôt un éclat mesuré, tantôt un prodigieux rai de lumière. Les astronomes ont fini par résoudre l'énigme et analyser cette variance comme le résultat du couple formé par deux étoiles valsant lentement ensemble, une géante rouge et une naine blanche. Et, ignorants, nous admirions tantôt l'une et tantôt l'autre. Cette danse funèbre se résoudra un jour par l'absorption de la moins massive, ou par leur explosion conjointe.

Mira a donné son nom à un type d'étoiles variables. Certaines d'entre elles poussent même la fantaisie jusqu'à modifier parfois leur période de pulsation, comme si une montre se mettait à battre la campagne et à décompter des heures de vingt ou de deux cents minutes… La Merveille de la Baleine, et ses filles dans d'innombrables galaxies, confirme que la nature est toujours plus prodigieuse que notre logique et plus inventive que nos imaginations. Elle annonce, par son étrangeté créative, bien d'autres merveilles astronomiques qui restent à découvrir, toujours plus énigmatiques, vents solaires, pulsars, trous noirs, bruit de fond inquantifiable…

Plus nos constructions intellectuelles se raffinent, plus nos instruments d'observation voient loin, plus nous découvrons des phénomènes que nous n'arrivons pas à comprendre.

Mira Ceti ne nous adresse pas un signal, mais un clin d'œil. Dans le ventre de la Baleine immense, une escarboucle merveilleuse brille pour elle-même.

30

Jonas et les abysses

Jonas est jeté à la mer, puis avalé par la baleine. Qui peut survivre à pareille expérience ?

D'abord Jonas coule.

Tu m'as jeté au plus profond du cœur des mers, et le flot m'a cerné ; tes ondes et tes vagues ensemble ont passé sur moi. (Jon, 2 : 4.)

Jonas évoque sa noyade, l'angoisse froide et humide de la submersion, l'imminence de la mort. Il raconte ce que ses yeux ont vu dans l'agonie de la descente vers les abysses et que personne avant lui n'avait jamais décrit :

Les eaux m'ont assailli jusqu'à l'âme, l'abîme m'a cerné ; les algues m'enveloppent la tête, à la racine des montagnes. Je descendis aux pays dont les verrous m'enfermaient pour toujours. (Jon, 2 : 6-7.)

Jonas ne lutte pas. Il a perdu, il s'abandonne à la volonté de l'Éternel. La tempête subite, les marins, la baleine n'ont été que Ses instruments. Il prie. Il compose un poème du naufrage, de la délivrance, et de la résurrection.

Dans ma détresse, je crie vers le Seigneur, et lui me répond ; du ventre des enfers j'appelle : tu écoutes ma voix. (Jon, 2 : 3.)

Nous qui lisons le Livre de Jonas savons qu'il s'en est sorti, car « L'Éternel fit intervenir un grand poisson pour engloutir Jonas » (Jon, 2 : 1), et, trois jours plus tard, « Le Seigneur parla au poisson, et celui-ci rejeta Jonas sur la terre ferme » (Jon, 2 : 11).

Il sera le premier voyageur à pouvoir raconter une telle plongée. « Tu m'as fait remonter vivant du gouffre » (Jon, 2 : 7). Cette expérience extrême le fait prophète. Il ne peut plus ne pas accomplir sa mission à Ninive. Il accepte sa mission.

Mais dans le ventre de la baleine, que s'est-il passé ? À cette énigme le Livre de Jonas n'apporte pas de réponse.

Toute la carrière de Jonas répète cette opposition du dedans et du dehors, du dedans rassurant et opaque, auquel il est arraché pour être exposé aux mille périls du dehors.

Jonas mène une vie qu'on devine tranquille. Mais la mission qu'il reçoit et qu'il refuse l'oblige à s'enfuir pour s'exposer aux risques du voyage.

Il embarque et, lorsque la tempête fait rage, se

recroqueville dans sa cabine. Mais les marins vont l'y chercher et le précipitent à la mer.

Il est avalé par le poisson, et paraît s'abandonner à cette réclusion. Mais il en est recraché, pour enfin se consacrer à sa mission.

Il parcourt les rues de Ninive et convertit ses habitants. Mais la certitude de la punition divine l'exclut du confort retrouvé des auberges et le jette à nouveau dans la poussière des routes.

Il se construit une hutte en entrelaçant les branches d'un ricin. Mais l'arbuste crève, le laissant souffrir des ardeurs du soleil.

Toujours, Jonas se protège. Il a recours à toutes les industries des hommes pour ne pas se retrouver à l'extérieur, vulnérable et sans défense. Il fait à sa façon l'éloge de la civilisation et le procès de la vie sauvage. La nature — la mer, le désert, le soleil, le vent, la tempête, la poussière… — ne lui inspire pas de méditations rousseauistes, mais une terreur primitive. Il n'a de cesse de se trouver un refuge, un abri, voire une prison. Et chaque fois l'Éternel le remet en marche, relance les dés, fait avancer ce pion récalcitrant sur un plateau de jeu aux dimensions de la Méditerranée.

Jonas : l'homme qui voulait à toute force être dedans.

Le plus étrange du Livre de Jonas : son sommeil pendant la tempête. Il ne propose pas son aide aux matelots pour éviter le naufrage, il ne prie ni se lamente. Il dort. À fond de cale d'un bateau secoué par les vagues et la volonté de Dieu, il se réfugie dans ses rêves. Le sommeil en un lieu clos, meilleure défense contre l'inconnu.

Au fond du navire, Jonas dort. Et dans la baleine, que fait Jonas ?

Peut-être Jonas a-t-il aimé son séjour dans la baleine. Il y entre récalcitrant, à son corps défendant, il en sort prophète. Mais entre les deux ? Dans le ventre impossible et surnaturel de la bête, a-t-il enfin trouvé le repos ? Il n'a plus aucune décision à prendre, aucune menace à fuir, il s'abandonne à la littérature, il rêve, il dort à nouveau sans doute, il s'ennuie, mais il ne risque rien. Dans cette réclusion, le poème lui tient lieu de cachette. Il s'évade par le pouvoir des mots. Le sommeil comme le poème : être dehors et dedans en même temps.

Ce n'est pas à sa demande que le gros poisson le vomit, mais sur ordre de l'Éternel. Peut-être Jonas n'aurait-il pas rechigné à l'idée d'y passer un quatrième, un cinquième jour, de ne plus jamais remonter, oublié des hommes et de Dieu, de demeurer confiné hors du monde et hors du temps… Il faut imaginer Jonas heureux.

31

Haïku

Jamais la baleine
Ne connaîtra l'odeur
Enivrante des bourgeons de sapin.

32

Au Muséum d'histoire naturelle

48° 50' N. - 2° 21' E.

Le plus grand spécialiste français des baleines travaille à Paris, au Muséum d'histoire naturelle, dans un bâtiment banal qui donne sur la rue Cuvier. Je pourrais aller le saluer, mais ne saurais quoi lui demander. Pourquoi irais-je tirer sa sonnette et lui faire perdre son temps ? Je préfère rêvasser quasiment sous ses fenêtres, à la terrasse de l'aimable petit restaurant du Muséum. Et je remarque qu'il s'appelle La Baleine. Il n'y a pas de hasard. Ce signe me suffit.

Une autre baleine, sous la forme épurée d'un immense squelette, flotte au-dessus des têtes, dominant les visiteurs de la grande galerie de l'Évolution. Ces os blanchis d'une baleine des Basques sont accrochés à une dizaine de mètres dans les airs, sous la verrière et son armature métallique, dont la portance hors norme fait mystérieusement écho à l'arc élégant des côtes.

Par paresse, on pourrait croire que seule la contrainte muséographique a projeté l'encombrant squelette vers les cieux. Il est vrai que, déposé au sol, il eût occupé à lui seul une bonne partie de la nef, ne laissant plus guère de place aux mammifères terrestres et aux visiteurs.

Mais des raisons plus profondes commandent de suspendre la baleine exactement sous le ciel, le ciel gris d'Île-de-France tel le couvercle de la mer océane. Le visiteur se trouve ainsi renvoyé à une posture de piéton des grands fonds, dominé par la masse du cétacé. Bien sûr le plancher sous-marin n'est pas plat ni recouvert de moquette, on n'y croise pas de girafes ou de rhinocéros. En parcourant les allées, chacun mesure à son pas les dimensions impressionnantes de la baleine. Levant constamment les yeux, le visiteur n'est pas écrasé par sa masse, il voit au travers, il perçoit surtout un immense mouvement immobile, qui vole lentement au-dessus de lui, et danse avec une grâce surprenante.

Dans d'autres musées d'histoire naturelle, moins bien inspirés, la baleine accrochée aux cimaises est entière — ou plutôt son moulage, en un quelconque matériau grisâtre et léger. Le volume ainsi occupé accable le passant, lui fait de l'ombre, lui cache la lumière et les nuages. Au demeurant, la complexe cathédrale d'os de la baleine n'est pas conçue pour supporter le poids de sa chair hors de l'eau. Seul le principe d'Archimède lui permet de ne pas périr écrasée sous sa propre masse. Échouée, directement exposée à la pesanteur terrestre, elle suffoque et son squelette n'y résiste pas. Ce motif seul justifie le choix du Muséum pour une baleine idéale, réduite à son principe essentiel.

La baleine ne nage pas comme un poisson, elle ne flotte pas, elle prend appui sur l'eau et ses profondeurs comme une hirondelle sur les couches d'air. Elle ne pagaye ni n'agite de nageoires latérales, elle se cambre et se détend de toute la force de sa nageoire caudale, comme ondulent les manchots au corps rond et fuselé qui ne savent plus que nager. Elle vole, elle danse, parfois perce le plafond de la mer pour une cabriole, découvre un instant le vol sublime, et retombe dans l'écume de son entrechat.

Définitivement aérien, libéré du poids obscène de sa chair et de ses graisses, le squelette de baleine ne peut voler qu'à la hauteur des deuxièmes balcons de ce théâtre auquel ressemble le Muséum. Quand il voit dans les cieux passer des bancs de gros cumulus couleur de pluie et de mercure, ne rêve-t-il pas de rejoindre ce troupeau pour avec eux se délecter de crevettes et de plancton ? N'a-t-il pas la nostalgie de lointaines Sargasses, de lagons nourriciers, de tempêtes terribles, d'icebergs caressés par en dessous ? Et prend-il les nuages fétides crachés par les usines au-delà du périphérique pour les évents de congénères en fête ?

La robuste halle aux armatures métalliques a été conçue d'abord pour l'empêcher de s'envoler davantage, toujours plus haut dans le ciel de Paris, dédaignant de retomber dans la Seine, rêvant à l'idée de repartir tout là-bas, vers les eaux polaires dont viennent ses aïeux.

La grande galerie : une volière où plane un rêve de baleine.

Plus secrètement encore, elle nous murmure autre chose. Aucune autre famille d'animaux ne compte d'espèces aussi résolument lourdes que les cétacés. Leurs corps et leurs modes de vie sont marqués par cette démesure. La baleine pèse de tout son poids. Elle ne peut que s'enfoncer. La gravité est son ennemie.

À cette force irrépressible qui l'engloutit vers les ténèbres glaciales, elle oppose une force contraire, celle de sa volonté. La pesanteur l'attire vers le bas, la vie l'attire vers le haut. Son énergie et sa science lui permettent de naviguer librement dans toute la colonne d'eau, de remonter à la surface, d'y faire un demi-saut périlleux pour prendre une nouvelle impulsion puis sonder, la nageoire caudale fièrement dressée au-dessus des vagues pour un au revoir.

Et elle peut aller plus haut encore. Elle sait sauter et voler un instant hors de l'océan. L'attraction terrestre doit s'équilibrer avec l'attraction céleste qui l'anime.

Les vieux matelots enseignaient à leurs cadets que la volte de la baleine annonçait la tempête, et une tempête d'autant plus forte qu'elle sautait haut.

L'une des vérités de la baleine est dans le surgissement de ce désir de ciel. Comme un éclaireur en avant-garde pour une armée, son évent tendu vers le zénith lui a maintes fois montré la route. De même que le soleil et la lune font bouger la masse des eaux pour provoquer les marées, de même ces astres l'aident sans doute un peu dans son effort pour les rejoindre. Cette tension vers le haut ne peut que les séduire. Inexorablement, la baleine tente de chuter vers l'azur.

Elle bondit, elle oublie un instant ces tonnes qui l'affligent, elle se rêve l'égale d'un oiseau, la sœur aînée du lourd albatros, l'écho d'une constellation inclinée sur l'horizon.

Bien sûr, au final, comme la pomme turbulente de Newton l'a démontré, la pesanteur l'emporte et elle retombe dans les vagues qui l'engloutissent. Rares sont les tentatives d'évasion couronnées de succès ; les lois de la nature sont plus rigides que les barreaux d'une prison. Mais elle essaie encore et encore.

La baleine incline à tomber vers le ciel, et un jour finira par y parvenir.

33

Pantin

Car enfin, qui a été vraiment avalé et recraché par une baleine ? Pinocchio.

Les aventures du pantin de bois qui voulait devenir petit garçon ont été publiées en feuilleton dans un journal pour enfants de 1881 à 1883. Au chapitre 34, après bien des mésaventures, Pinocchio est jeté à la mer et avalé par une baleine. Au chapitre suivant, il y est rejoint par son créateur, Geppetto. Ils font du feu pour forcer la baleine à tousser, et donc à les recracher. Au chapitre 36 et dernier, tout est bien qui finit bien, et Pinocchio prend définitivement forme humaine.

La baleine fait figure d'épreuve ultime, dans une histoire sans pitié pour son héros : ses pieds sont brûlés, il est dupé, vendu, pendu, réduit en esclavage, presque mangé. Il lui pousse un nez de menteur, des oreilles d'âne, il est transformé tout entier en âne, puis mutilé, jeté à la mer... Le corps de bois de Pinocchio souffre mille morts, avant d'être transfiguré en petit garçon. Ces aventures lourdement sentencieuses et répétitives ont connu une étonnante fortune. Elles se transmettent de générations en générations, de livres pour enfants en coloriages, de marionnettes en films, de dessins animés en parcs d'attractions.

Collodi était sans doute conscient de reprendre l'histoire de Jonas et de la tordre malicieusement. Depuis la publication des aventures de Pinocchio, double ironique et enfantin du prophète pour cet épisode, les deux histoires se confondent dans l'imaginaire collectif. Pourtant, la baleine de Pinocchio ne porte qu'un piètre message moralisateur : le pantin de bois s'y lamente d'avoir été désobéissant envers son père adoptif. Il se repent de ses erreurs, pour en ressortir assagi, et transformé en enfant.

Loin de moi l'idée de vouloir faire un parallèle sacrilège entre deux textes saints et un conte pour enfant ; entre Jonas, le Christ et un pantin de bois. Mais de même que Matthieu connaissait le Livre de Jonas, de même Collodi connaissait l'un et l'autre. Le gros poisson, le tombeau, la baleine sont des figures d'un enfermement dans l'obscurité et les profondeurs, par lequel un destin s'accomplit. Sans Jonas, point de Pinocchio.

Une dizaine d'années plus tôt, en ce temps de triomphe des machines, le thème était passé par la France et la plume de Jules Verne, avec *Vingt Mille Lieues sous les mers*. Le gros poisson n'est plus une baleine, mais un sous-marin, le *Nautilus*. L'Éternel prend la figure peu affable du capitaine Nemo. Les prodiges y abondent, mais ils résultent de la science, non de la divine volonté. Le héros est un journaliste, non un aspirant prophète — pour Jules Verne ce métier-là est le prolongement moderne de celui-ci, en ce que l'un comme l'autre annoncent au peuple une vérité. Il est avalé au début du livre, et recraché à la fin.

L'hymne au progrès de Jules Verne et la tiède morale laïque de Collodi, en cette fin de XIXe siècle, congédient la métaphysique. Reste la baleine.

34

Chants

En 1977, les ingénieurs de la Nasa ont embarqué des disques en or pur à bord de la sonde *Voyager*, qui vient officiellement, le vendredi 13 septembre 2013, de quitter notre système solaire. Y figure un enregistrement de chants de baleines, parmi d'autres sons, comme autant d'échantillons auditifs de notre planète. Dans l'infini de l'espace intersidéral, et à condition qu'un extraterrestre trouve cette bouteille à la mer, s'y intéresse et dispose de la technologie pour l'entendre, ces chants porteront témoignage. On aurait pu y envoyer les trilles d'un rossignol, le barrissement d'un éléphant, le cacardement d'une oie, le hurlement d'un loup, les vacarmes d'oiseaux de la forêt amazonienne. Mais c'eût été trop de bruit, trop d'agressivité et de confusion, une image trop exacte de la Terre. Ce sont les baleines qui furent choisies comme ambassadrices : leurs chants sont perçus, par nous au moins, comme des hymnes de paix. Elles ne portent le drapeau d'aucune culture ou d'aucun peuple, et j'espère leur sérénité contagieuse pour nos voisins d'autres galaxies.

Il n'y a pas d'air, donc pas de son, dans l'éther infini. Pourtant je veux imaginer cette sonde s'éloignant pour toujours de la Terre, fendant l'espace comme elles fendent les flots, et diffusant en permanence — pour quelles vertes oreilles ? — et pour l'éternité du temps et de l'espace ces vagues de sons énigmatiques et apaisants.

Que disent les baleines quand elles chantent ? Pensent-elles, avec Nietzsche, que sans musique la vie serait une erreur ?

De même, les instituts de remise en forme et les piscines aristocratiques aiment à diffuser des chants de baleines, alternant avec un shamisen touché par une lointaine geisha, le bruit de vagues qui déferlent sur une plage de galets, un prélude de Bach inlassablement étiré : en apparence des sons qui délassent, en réalité un tapis sonore conçu pour ne pas être écouté — un tapis, ou plutôt un paillasson pour l'oreille.

D'où vient cette fascination pour ces chants inaudibles ?

Comme le sait tout enfant qui se laisse glisser au fond de la baignoire, le son ne se propage pas de la même manière dans l'air et dans l'eau. Lorsqu'un ingénieur eut l'idée de poser ses micros sous la surface des vagues, il découvrit non pas un monde de silence, mais un univers de bruits flûtés, amortis, féminins. Rien de heurté, rien de tranché, sauf le teuf-teuf des moteurs. Dans la mer, les sons récusent la ligne droite. Leur trajet dévie en permanence, préfère la tangente, plonge, rebondit sur des couches d'eau de salinité et de densité différentes comme un écho sur une falaise, se meurt sur une plage ou disparaît dans les profondeurs.

Il faut bien écouter : parmi tous les bruits de l'océan, les baleines émettent une étrange et apaisante mélopée. Nous l'appelons chant, car nous entendons des variations de hauteur et de rythme, des notes plus ou moins longues qui montent et descendent, et parfois reviennent en boucle. Les chercheurs enregistrent, comparent, disséquent, repèrent des structures, des influences, croient percevoir des modes, mettent en équation, notent sur des portées sans en percer le mystère. Certes d'autres mammifères chantent : l'homme, mais aussi le chien qui aboie, l'âne qui brait, le renard qui glapit, le chat qui miaule. Et d'autres espèces encore, oiseaux, batraciens... Pour tous, par paresse nous employons ou pourrions employer le mot chant.

Chant ? Mais il en est de toutes sortes : rondes enfantines ou refrains paillards ; marches guerrières ou aubades galantes ; chants d'extase ou chansons à boire ; péans, hyménées ou déplorations ; chant solitaire du marcheur pour se donner du courage ou du guetteur pour ne pas s'endormir ; antienne du curé et répons des fidèles ; chants de marins, de lavandières ou de laboureurs pour partager un effort ; aria de la prima donna dans sa robe écarlate sur l'avant-scène ; *Carmagnole* ou *Internationale* d'un peuple qui se révolte ; airs traditionnels de la tribu ; chœur d'amateurs qui répètent toutes les semaines pour mettre au point le programme de leur concert annuel ; chant diphonique des steppes de Mongolie; berceuses de tous temps et de tous pays, transmises de mère en fille…

Toutes les espèces de cétacés chantent, alors même qu'elles n'ont pas de cordes vocales pour produire des sons. Que savons-nous des chants des baleines?

Sont-ils uniquement susurrés par les mâles à la saison des amours? Sérénades, guitares, œillades et paroles à double sens…

Servent-ils à se repérer dans les profondeurs océaniques? L'équivalent des phares d'une voiture traversant une forêt la nuit…

Permettent-ils d'échanger des informations, par exemple sur les bancs de poissons? Quelque chose comme une conversation de bistrot sur un restaurant qui vient d'ouvrir…

Peut-être un jour un savant, déchiffrant une pierre de Rosette des cétacés, parviendra-t-il à traduire leur langage. Alors nous comprendrons enfin ce qu'ils se disent entre eux, et ce qu'ils pensent de nous. Et nous voudrons bien sûr intervenir dans leur conversation, et plaider notre cause dans leur langue. Mais à tout prendre je préfère que l'énigme demeure et que ces chants restent indéchiffrables. Notre incompréhension participe à la sourde culpabilité que nous éprouvons à l'égard de leurs auteurs.

Sur les mers lointaines et par beau temps, d'autres chants ont retenti au plus près des cétacés. Je doute qu'ils aient apprécié les chants de travail des baleiniers. Les mélodies en sont perdues, mais les paroles de quelques-uns, en français, ont été conservées.

> *En revenant de La Rochelle*
> *Pique la baleine joli baleinier*
> *Passe-moi la pelle, je veux l'affûter*
> *J'ai rencontré mam'zelle Hélène*
> *Pique la baleine joli baleinier*

Ces strophes naïves ont résonné pendant les heures de veille dans le nid-de-pie, ou pendant le dépeçage de la carcasse. Les matelots n'y voyaient pas malice et chantaient de bon cœur, les mousses l'apprenant de la bouche des anciens. Chacun pouvait rêver d'être un joli baleinier dans l'œil lointain de sa belle restée au pays.

> *Pique la baleine joli baleinier*
> *Allons naviguer*
> *La fille de mon capitaine*
> *Pique la baleine joli baleinier*
> *Arrête à tourner.*

J'y entends pourtant aussi un requiem. « Pique la baleine » est un ordre qui tue, la pelle, un instrument qui sert à couper dans les chairs pantelantes, et la fille du capitaine paie ses dentelles au prix du sang que son père répand sur tous les océans.

Plus personne ne connaît ces strophes. Les marins, s'ils ont survécu à leurs campagnes, ne les ont pas fredonnées à leurs enfants. Mademoiselle Hélène n'a certes pas épousé un gueux de matelot, et son arrièrepetite-fille milite dans une organisation de défense des animaux. La Rochelle s'enorgueillit d'un grand aquarium, mais trop petit pour aucune baleine. Bien que ce chant de travail, d'amour et de mort fût un témoin fidèle, trop fidèle, des réalités de notre planète, aucun ingénieur de la Nasa n'est venu l'enregistrer pour l'expédier aux étoiles.

Ce temps de chasse et d'espoirs est révolu.

Demeure, dans les océans comme au-delà des astres, le chant des baleines.

35

Âmes

Au vɪᵉ siècle, Brandon, un moine irlandais, embarque avec Malo et quelques autres frères sur un *curragh* — une barque rudimentaire, faite de peaux de vache tendues sur un bâti en bois, dotée d'un mât, d'une voile et d'une rame faisant office de gouvernail d'étambot. Cet esquif et une foi ardente les conduisent en de longs voyages au-delà des confins du monde connu. Bravant les tempêtes et la peur, ils abordent diverses terres, pour y planter une croix, rendre grâce à Dieu et repartir. Certaines îles se révèlent accueillantes, aguichantes, tropicales, trompeuses. D'autres, austères, battues par les tempêtes, se laissent difficilement approcher. D'autres encore défient l'imagination, palais transparents, grottes de pierres précieuses, églises d'or, eau d'éternelle jouvence, manne magique qui les nourrit… Les créatures qui peuplent ces îles les impressionnent par leur beauté ou leur force, leur sagesse ou leur méchanceté.

Un jour, les moines débarquent sur une île nue, noire, luisante. Ils y célèbrent la messe, comme sur chaque nouveau rivage. Mais bientôt, l'île tremble, l'île bouge, l'île s'ébroue, l'île s'enfonce. Les moines sont précipités dans les flots mais sauvés par Brandon depuis le *curragh*. Tous rembarqués, ils voient avec stupeur l'île disparaître sous les flots : c'était une baleine. Ils la retrouveront un an plus tard — mais que vaut le passage du temps dans un tel récit… —, et constateront que le chaudron dans lequel ils avaient commencé à préparer la soupe est toujours en place sur le dos de la bête.

La *Navigation de saint Brandon* est-elle une allégorie des tourments de l'âme sur la mer des passions, ou une relation de voyages aux Féroé, en Islande, aux Canaries, au Canada, aux Antilles ? Au Moyen Âge, personne n'aurait compris que l'on oppose deux manières de lire ces destins. Macrocosme et microcosme se rejoignent. Les embruns et l'eau du baptême ont la même saveur sur les lèvres. Brandon et ses compagnons ont parcouru et l'Atlantique Nord et un long chemin tout entier tendu vers Dieu. Comme les psautiers irlandais, leurs aventures baignent dans la lumière dorée des enluminures, ornées d'entrelacs où l'œil s'égare, infinies à l'image de l'océan.

Chaque accostage est un coup de dés. Le périple semble n'avoir jamais de fin, ne poursuivre aucun but ni aucun plan. Point de vagues assez hautes, de tempêtes assez fortes, de froid assez glacial ou de sauvages assez furieux pour mettre un terme à leur errance. Parfois l'un des frères quitte l'aventure, le plus souvent pour la paix du Seigneur. Il est sitôt remplacé, sitôt oublié. Jamais les moines irlandais ne s'arrêtent. La tentation vulgaire de la colonisation ne les effleure pas. Ils n'ont que faire de conquêtes, d'apanages et de lignées. Ils voguent inlassablement. L'action leur importe plus que l'action de grâce. Ils prient comme un bûcheron cogne.

Leur éternité est dans ce mouvement qui les porte toujours plus avant.

Que vaut le risque d'être englouti avec la baleine, au regard du salut de son âme ?

36

Saint-Clément-des-Baleines

46° 14' N. - 1° 33' O.

Tête-à-la-Baleine, petit village québécois de pêcheurs, ainsi dénommé en raison de la forme d'une île voisine, fait partie de la municipalité de Côte-Nord-du-Golfe-du-Saint-Laurent, regroupement administratif de villages côtiers. Tête-à-la-Baleine, qui n'est pas relié au réseau routier canadien, est accessible par bateau ou par avion. Son aéroport, doté du code international ZTB, uniquement desservi par Air Labrador, semble réservé aux initiés. À tout hasard, j'ai voulu y programmer un voyage au départ de Roissy. Toutes mes tentatives pour réserver une place, peu m'important la combinaison de compagnies aériennes, sur un vol CDG-ZTB ont été refusées par les obscures puissances tapies au fond des ordinateurs. Grâce à ce modeste terrain cependant, les baleines font une nouvelle incursion dans le monde des airs.

Je ne parviens pas à imaginer pourquoi la commune de La Baleine, dans le département de la Manche, située à une dizaine de kilomètres de la mer, à mi-chemin entre Granville et Saint-Lô, porte un tel nom. À trente mètres d'altitude, elle n'a pu être le théâtre d'aucun échouage, ni le port d'aucun armement. Les quatre-vingt-treize Balénois — les termes baleiniers et baleineaux étant déjà pris —, selon le recensement de 2009, garderont le secret.

Une seule autre commune de France, Saint-Clément-des-Baleines, se met explicitement sous la protection de la baleine, ou plutôt sous la protection conjuguée de la baleine et d'un saint particulièrement vénéré par les orthodoxes. Clément de Rome, martyrisé en Crimée, fut précipité dans les flots avec une ancre autour du cou. Saint Clément est ainsi devenu, par une sorte d'antiphrase ironique, le patron des mariniers — les marins pêcheurs lui ayant préféré saint Pierre, pêcheur d'hommes et gardien des clefs du paradis, donc mieux placé dans la hiérarchie céleste.

À l'extrémité occidentale de l'île de Ré, une longue plage, tournée vers le grand large et le golfe de Gascogne, fut appelée plage des Baleines, en raison des échouages qui s'y produisaient. Colbert en 1682 fit ériger à la pointe extrême de l'île une tour, sémaphore et tour de guet, communément appelée tour Vauban. Dans le cadre d'un programme d'équipement des côtes de France en grands phares d'atterrissage pour les navires qui traversaient l'Atlantique fut édifié en 1854 le phare des Baleines, haut de cinquante-sept mètres. Ce nom lui vient de la plage voisine. Un feu de moindre importance, sur un caillou voisin, a fort logiquement été baptisé le Baleineau.

Saint-Clément-des-Baleines, commune la plus

occidentale de l'île de Ré, fut créé vingt ans après le phare, en 1874, en détachant plusieurs hameaux d'Ars-en-Ré. Le nom est ainsi passé de l'animal à la plage, de la plage au phare, et du phare à la commune. L'idée de la baleine imite le trajet de l'algue, arrachée par la houle et la tempête, projetée de plus en plus haut, sur le sable, sur les rochers, jusqu'au cœur du village.

Le phare des Baleines, fonctionnant d'abord au pétrole, fut électrifié en 1882. Les lentilles de Fresnel qui l'équipent permettent à son rayon lumineux d'être vu jusqu'à cinquante kilomètres. De 1949 à 1970, le site a servi d'école aux futurs gardiens qui venaient y apprendre les rudiments du métier. Et puis les phares ont été automatisés les uns après les autres. Plus personne ne veille dans les tours et les lanternes. Les bâtiments désaffectés à la pointe de Ré ont trouvé une nouvelle vie, depuis 2006, comme musée consacré aux phares et à la sécurité maritime.

La localisation par satellite n'a pas fait disparaître son intérêt. Tous les plaisanciers ne sont pas équipés. Un appareil électronique peut toujours tomber en panne. Feu la nuit, amer le jour, le phare des Baleines rassure, même si son office a changé. Depuis un siècle et demi, comme un lointain et modeste écho aux signaux interstellaires de *Mira Ceti*, il envoie sa lumière vers le large.

Ce soir, j'envie les marins, les timoniers penchés sur la table à carte, les capitaines imperturbables, les matelots qui scrutent l'océan à la jumelle. La mer ne leur fournit aucun repère, et ils seraient perdus, incapables de se situer parmi les vagues, s'ils ne savaient pouvoir compter, au terme de leur estime, sur la présence avérée d'un phare. Son feu clignotant, selon un rythme qui n'appartient qu'à lui et le distingue de tous les autres, rythme noté sur les cartes et que j'aimerais graver dans ma mémoire, leur murmure qu'à terre on s'inquiète pour eux et qu'on les aide à trouver la bonne direction pour rentrer au port.

J'envie les marins, qui connaissent leur cap et bénéficient de cet appui. Dans nos vies en effet, nous avançons sans direction et ne pouvons constater qu'après coup le chemin accompli. Nous n'avons pas pour nous guider un phare dans la nuit, mais des milliers qui clignotent en tous sens contradictoires, nous proposent des chemins inconciliables, nous font croire que le jour s'est levé et oublier où nous voulions, je crois, arriver.

Devant le phare des Baleines, j'envie les marins.

37

Enseignes

Elles se faufilent aussi dans les rues, au hasard d'une vitrine, d'une enseigne. Peu nombreuses au demeurant, toujours discrètes. Illogiques, bien sûr, et parfois absurdes. Non pas les marques d'une prise de possession, ni les otages oubliés d'un conflit : aimables, avenantes, innocentes, complices, les baleines hantent nos villes.

Parti à leur recherche, je pensais rentrer bredouille. Mais non. Ici ou là, baleines, mais aussi cachalots, bélougas et autres narvals prêtent leur nom sonore et mystérieux à maints commerces et maintes institutions. Nul droit d'entrée pour bénéficier de leur patronage.

Passe encore pour cet antiquaire de marine. Mais pourquoi tant de restaurants invoquent-ils la baleine ? Non pas qu'elle figure au menu — quelle horreur ! Sans doute pour le patron une manière de suggérer une cuisine abondante et sans apprêts excessifs, une ambiance bon enfant, sous l'œil débonnaire d'une baleine gourmande et gloutonne…

Et, monsieur le maire, cet atelier d'artistes ? Large, sombre, profond, cet ancien entrepôt évoque vaguement l'intérieur d'un cétacé, le giron dont on ressort transformé. Stylistes et vidéastes y crayonnent et le savent confusément : elle, qui d'un voyageur fit un prophète, saura accompagner la naissance de leur génie...

Mais ce salon de thé, au bord d'un lac serti dans les montagnes ? Mais ces boutiques de vêtements ? Mais cette échoppe à frites ? Mais cette crèche ? Cette maison d'édition ? Cette compagnie de théâtre ? Cette galerie marchande ? Dans les ports, mais tout autant loin des côtes ?

Par quels rapprochements, par quelle association d'idées un commerçant ou un artiste peut-il décider de placer son projet sous le lourd patronage d'un cétacé ? Je m'interroge sur les vertus qu'il incarne ou le message qu'il est censé envoyer.

Dans ces lieux voués à la création ou au commerce, nul ne vend ni ne montre l'animal, ni aucun des sous-produits que l'on en extrayait. La baleine s'y déploie toujours délibérément, presque fièrement à contresens, à contre-emploi, hors de propos, incongrue. Dans ce décalage entre la réalité d'un espace et l'imaginaire cétacé se noue un rapport de séduction avec le client potentiel. Ce dernier n'est pas dupe, il voit bien le mensonge, et sa complicité recherchée doit se révéler féconde, et rentable.

Si la France avait connu une industrie baleinière solide, comme les États-Unis, sans doute le nom de l'animal y aurait évoqué aussi trop de drames, de naufrages, de désespoir, de fortunes faites ou défaites, d'enjeux de pouvoir, pour être aussi adaptable, plastique et quasiment vide de sens.

Débarrassée de la chasse, des massacres, de la chair et du sang, délestée des calculs économiques et des spéculations, loin de la mémoire des veuves, sans plus rien qui pèse ou qui importe, la baleine flotte délicatement au-dessus du négoce ou de l'inspiration, comme une esquisse épurée.

Je veux aussi voir chacune de ces enseignes comme une station, sinon d'un chemin de croix, du moins de l'inconscient et malicieux chemin du souvenir. (Ainsi, au Moyen Âge, les marchands désireux d'attirer la bonne fortune plaçaient leur boutique sous le signe de saint Roch ou de sainte Marguerite, et pour ceux qui ne savaient pas lire décoraient l'enseigne de leur patron, reconnaissable à son chien ou à son dragon enchaîné.) Et je pourrais partir en voyage sur les routes de France, en un trajet sinueux, afin de me recueillir devant chacune d'elles. Non pas en prière — clochettes, fleurs, bougies, génuflexions… le patron risquerait d'appeler la police —, un simple temps d'arrêt, un moment indécelable dans l'agitation des villes, où, la tête légèrement penchée sur le côté, regardant sans les voir la vitrine et ses offres frivoles, je contemplerais la moquette en y voyant la houle de l'océan, je remarquerais les rideaux frissonnant, non de la climatisation mais de tempêtes lointaines, j'entendrais non pas les commandes des clientes mais les ordres gueulés par le second ou le bosco.

Immobile, je me souviendrais avec gravité des baleines.

En attendant de me décider à ce pèlerinage invisible, je m'apprête à préparer le repas du soir. J'ouvre le placard de la cuisine, et j'y trouve une baleine. Je recule, stupéfait, angoissé : suis-je déjà comme l'ex-consul d'*Au-dessous du volcan* qui dans son delirium tremens voyait un vautour aux ailes repliées dans son lavabo ? Non. J'ai eu brièvement peur d'une marque de sel de table.

38

Le cloître de Saint-Sauveur

43° 31' N. - 5° 26' E.

J'aurais pu, bien sûr, choisir d'autres baleines médiévales. L'un des chapiteaux du cloître de l'abbaye clunisienne Saint-Pierre de Mozac, près de Riom, elle aussi bien loin des océans, illustre avec verve l'histoire de Jonas. Les détails, nombreux et expressifs, annoncent presque la bande dessinée, encore plus si j'imagine les couleurs qui l'ornaient autrefois. Pendant qu'un marin se couvre les yeux pour ne pas voir et qu'un autre regarde ostensiblement ailleurs, un troisième tient Jonas, déjà englouti jusqu'aux épaules, par les cuisses. Le navire est une simple barque, avec une voile déployée dans une position impossible, au-delà de la proue. Huit lignes brisées évoquent la mer. Dans l'angle du chapiteau gîte la baleine, en tout cas sa tête. La gueule grande ouverte laisse apparaître trois crocs recourbés en haut et en bas, et de cette mâchoire de dogue, qui se termine par un petit nez retroussé, ressort à hauteur du nombril le prophète. Sa position, le bras gauche replié sur le ventre, la main droite glissée sous l'oreille, ses yeux grands ouverts, son visage inexpressif suggèrent la paix. Derrière lui, une porte solennelle et des tours évoquent une grande ville. Et comme il restait un peu de place entre celle-ci et les marins, au-dessus de la baleine l'arête du chapiteau est toute occupée par un arbuste aux branches déployées, portant des feuilles en forme de cœur. J'y reconnais le ricin.

Ce chef-d'œuvre de sculpture médiévale m'intéresse mais ne me parle pas. Il lui manque la vibration de l'enfance. Je me devais de revenir sur mes pas.

La Provence de mes pères ne ressemble pas à cette vignette aimable — cabanon, pastis, pétanque et cigales — fabriquée pour les Parisiens. Hormis Marseille, cette enclave grecque ouverte à tous les vents de la Méditerranée, elle est romaine, secrète, verticale, sèche. Non pas la douceur de la Toscane, mais l'âpreté des Pouilles ou de la Manche. Un pays de silence, de soleil et de mort. Son symbole est le cyprès, l'arbre poussiéreux des cimetières.

Dans cet univers sans douceur et sans voyages, les villages perchés sur des collines acérées tentent depuis des siècles la fuite vers le ciel. Les villes sont fortifiées, craintives, cauteleuses. Le mur de la Peste, qui zigzague dans les monts de Vaucluse depuis 1720, et le canal de Provence, qui longe et veut calmer la Durance, illustrent une volonté profonde : tenir à l'écart les menaces extérieures, se réfugier dans un entre-soi rassurant et pauvre.

Marseille et Toulon se rêvent villes libres à la mode hanséatique, se rebellent contre Louis XIV, contre Robespierre, contre Napoléon, contre le coup d'État de Napoléon III, contre l'occupant allemand. La Provence provençale rentre la tête dans les épaules, désapprouve discrètement, laisse passer l'orage et attend des jours meilleurs. Elle n'a jamais pris le risque de la Réforme, et ne revendique comme siens Mirabeau, puis Cézanne et Zola que bien après leur mort, quand leurs audaces ne choquent plus personne.

J'ai grandi à Aix et, jusqu'à mes dix-huit ans et mon départ pour d'autres horizons, pensé que toutes les villes du monde déployaient autant de beauté classique en leur centre. Je flânais, oubliant d'admirer frises, métopes et atlantes, dans ce décor de théâtre. La blondeur de la pierre et la subtilité de la lumière ont façonné ma vision du monde. Aujourd'hui encore, Paris — trop haut, trop vaste, trop gris, trop humide, trop peuplé — me blesse, et la Seine, à qui manquera toujours la grâce des fontaines, m'indiffère.

Le cloître de Saint-Sauveur se niche contre la cathédrale comme un enfant dans le sein de sa mère. L'été, les hordes de touristes, le ciel éclatant, l'olivier incongru dans un angle du jardinet médiéval composent une image de carte postale. Mieux vaut venir s'y réfugier par une de ces glaciales journées de février, comme la Provence et le mistral savent en ménager ; ou en novembre, lorsqu'il pleut enfin sur une terre toujours assoiffée.

Les quatre galeries, avec un évangéliste à chaque angle, content une histoire. Venant de la placette qui donne sur le palais de l'archevêque, j'entre face à saint Matthieu. Le côté qui conduit au sanctuaire illustre l'Ancien Testament. Après saint Jean, les sculptures du côté parallèle au chœur sont dédiées à la vie de Jésus. Nouveau virage devant saint Luc, et le discours en trois dimensions évoque la vie de l'Église. Passé saint Marc, le quatrième côté célèbre le paradis et la vie éternelle.

Aucun bavardage et, si possible, aucun son en ce lieu.

Il me faut faire cette promenade. La méditation y est abritée par un simple toit de tuiles. En l'absence d'étage, celui-ci peut reposer sur les piliers d'angle et sur de délicates colonnettes doubles, qui naissent d'un muret continu. Entre chaque paire de colonnettes, un élégant arc roman rythme l'alternance du vide et du plein : le vide, où l'œil s'évade vers le jardin — une modeste pelouse cernée par des buis, un puits au centre ; le plein, où la pierre inhabituellement blanche retient le regard. Pour éviter toute monotonie, ce triangle sous la frise où se rencontrent les courbes de deux arcs successifs est orné de motifs en creux, le plus souvent des fleurs.

Et puis Jonas et la baleine.

Dans un cercle d'une dizaine de centimètres de diamètre, le buste d'un homme disparaît dans la bouche d'un poisson aux lèvres charnues, qui se replie sur lui-même et épouse la courbure du cadre qui lui est imposé. Ainsi, sa queue vient fouetter l'air à la verticale, à la hauteur du visage du prophète. La torsion de l'animal requiert une détente qui ne vient pas. L'immobilité de la pierre rend définitif ce moment. Il représente à la fois Jonas englouti et Jonas recraché : Jonas pris dans une sorte de mouvement perpétuel, dans l'éternité de sa rencontre avec le monstre.

La baleine de Saint-Sauveur aurait dû se situer dans l'Ancien Testament. Mais non. Elle est représentée dans le côté consacré à l'Église, et plus exactement au début. Elle se fait symbole, blason, idéogramme. Je la découvre et la contemple, avec son singulier cavalier, et je pense au signe de Jonas. Non pas l'anecdote ou l'aventure maritime, mais le signe évoqué par l'Évangile de Matthieu, la conversion des Ninivites. Non pas le combat perdu d'avance de Jonas contre l'Éternel, mais une parole qui se répand et qui change le monde, et l'homme.

Adolescent, je ne m'inquiétais pas du programme iconographique du cloître. Je suis certain de n'y avoir jamais prêté attention, ni écouté le commentaire d'aucun guide. L'accès alors en était libre, pour peu que l'on s'y tienne correctement. J'y passais parfois en rentrant du lycée, avide de fraîcheur et étonné du silence.

Mes filles sont maintenant un peu plus âgées que ce lycéen qui y rêvait et parfois y révisait nonchalamment ses leçons. De retour à Aix, mes pas m'y ramènent, je ne peux entrer qu'en groupe et à des horaires préfixés. J'y découvre cette idée de baleine, avec l'intuition qu'elle m'attendait.

Jonas, au visage indéchiffrable. Englouti, recraché, ou l'un et l'autre en même temps. Un visage rond pour un mythe cyclique, qui tout à la fois murmure le passage du temps et lui est indifférent : l'histoire du prophète ; sa réinterprétation par le christianisme ; les sculpteurs médiévaux de Saint-Sauveur, sous les ordres d'érudits chanoines ; mon adolescence ; le temps présent. Ces cinq séquences se tiennent à équidistance, chacune séparée des autres de plusieurs siècles.

Par la porte en bois un instant entrouverte, quelques notes d'orgue parviennent jusqu'au cloître. La fin d'un accord, trois notes qui montent, un accord plus sombre. L'huis refermé, le silence pèse davantage. Cette seconde de musique peut avoir été composée par n'importe qui, de Buxtehude à Messiaen. Elle me parut funèbre — puis je compris que seule sa nostalgie retentissait, l'angoissante certitude qu'au-delà, dans la cathédrale, un organiste répétait la messe ou un récital, dans un ailleurs inatteignable. Renfermé dans le cloître désert, janséniste sans l'avoir voulu, je suis retranché du monde.

Ce lycéen auquel je songe m'est aussi inconnu que Jonas. Il me ressemble vaguement, comme un cousin éloigné, dont la gaucherie serait plus gênante que touchante. Je ne comprends ni sa timidité ni tout le temps qu'il passe à ne rien faire. Ses ambitions me semblent confuses et ses projets incertains.

Bien longtemps après que j'aurai disparu des souvenirs de quiconque, la baleine d'Aix témoignera toujours, impavide, indifférente, amnésique, du signe de Jonas. Ce lycéen qui lui tournait le dos me parle aussi de ce qui le sépare de moi.

On pourrait croire, à nous comparer, qu'il a été

lui aussi avalé par le monstre et recraché, le crâne dégarni, des rides aux coins des yeux, la silhouette un peu épaissie ; que seuls trois jours, trois jours dans son ventre, trois jours arrachés à je ne sais quelle éternité, ont fait de cet échalas mal assuré cet homme lesté d'une famille, d'un patrimoine, de responsabilités, de doutes, et de quelques remords.

Aucun cétacé ne serait assez cruel pour transformer autant ceux qu'il avale.

Jamais comme devant cette sculpture de ma ville natale je n'ai ressenti à ce degré la violence des années.

«L'écriture est la seule forme parfaite du temps», relève J.M.G. Le Clézio. J'en éprouve douloureusement une forme imparfaite. Dans cette lutte, la baleine gagne toujours.

39

Licorne

Privilège des animaux qui n'existent pas : la licorne n'est pas menacée d'extinction et ne mourra jamais. En 1943, Hergé donne le nom de *Licorne* au trois-mâts du chevalier de Hadoque, ancêtre du capitaine Haddock. Une autre preuve de son immortalité se trouve à Amiens. Figurant sur le blason de la ville, elle est devenue le symbole de son club de football, l'Amiens SC, qui joue ses matches à domicile au stade de la Licorne, inauguré en 1999.

Les Picards savent-ils l'hommage indirect qu'ils rendent aux cétacés ?

La corne du narval (*Monodon monoceros*), cette étrange incisive torsadée, arrivait du nord. Au Moyen Âge, lorsque les grandes foires sont apparues, que les villes fortifiées ont structuré l'espace, les légendes se sont déplacées comme les draps des Flandres, les vins de Bordeaux ou les lames de Tolède. La licorne naît d'abord du voyage.

Sa blancheur, sa rareté, le mystère de sa provenance, la perfection de sa forme, tout concourait à lui attribuer une origine hors du commun. Mais il fallait, pour que la licorne apparaisse, que soit rompu le lien du narval avec la mer. Passant de mains en mains, elle descendait vers le sud et les princes.

La licorne a connu une fortune extraordinaire, et son existence ne faisait l'objet d'aucun doute. Certains passages, ou en tout cas certaines traductions de la Bible l'attestaient. Sainte Hildegarde de Bingen, récemment promue docteur de l'Église, préconise de soigner la lèpre avec une pommade de foie de licorne et de jaune d'œuf, et prévient la peste et la fièvre avec le port d'une ceinture en cuir de licorne.

La corne de licorne se vendait plusieurs fois son poids en or. Elle passait pour neutraliser les poisons, ou révéler leur présence en se mettant à fumer : on comprend que plus d'un roi se soit fait tailler un gobelet dans cet ivoire.

Aucun chasseur n'a jamais pu tuer ou blesser une licorne. Seule une jeune fille vierge pouvait l'apprivoiser, et la licorne venait s'agenouiller devant elle et poser la tête sur son sein. Mais si la jeune fille a menti sur sa pureté, la licorne le sent et la tue. Cette corne habile à pourfendre, cet hymen intact, ces caresses échangées, ce frottement délicieux entre deux principes qui ne devront jamais se rencontrer...

Une célèbre suite de tapisseries, au musée de Cluny, réalisées à la fin du XVe siècle, représente la dame et la licorne célébrant chacun des cinq sens. La sixième porte l'inscription «À mon seul désir». Quel est donc ce désir, qui n'est ni la vue, ni l'ouïe, ni l'odorat, ni le goût, ni le toucher, ou qui peut-être les rassemble tous ? Quel est ce désir, qui occupe tant la dame, sinon le désir sexuel ? Inassouvi, défendu, sublimé, et pourtant présent à chaque instant… La licorne, ou l'ambiguïté de la séduction et du risque…

Au XVIe siècle, son existence commence à être mise en doute. Au XVIIe siècle, des marins de toutes les nations s'enhardissent dans des campagnes à la baleine de plus en plus longues et audacieuses vers le Grand Nord. Rencontrant régulièrement des narvals, ils ont anéanti la licorne. Sa disparition est un dommage collatéral de l'expansion de la chasse, même si on trouve, au XIXe siècle encore, des naïfs qui y croient, ou des explorateurs qui la recherchent.

Je ne me résous pas à l'idée que la licorne ne soit que le fruit d'un malentendu.

40

Jonas et les dieux

Pourquoi Jonas s'enfuit-il ? Parce qu'il refuse d'accomplir la mission que lui assigne l'Éternel. Et quelle est cette mission ? Aller prêcher à Ninive. Et pourquoi ne veut-il pas prophétiser les Ninivites ?

Le Livre de Jonas ne répond pas. Est-ce à ce point évident ? Quel ressort intime le fait basculer dans une désobéissance inouïe ? Craint-il seulement pour sa tranquillité ? Mais le voyage qu'il entreprend n'est pas moins risqué que celui qu'il refuse, et Jonas n'est pas un lâche. Pourquoi préfère-t-il à tout prendre la baleine ? De quoi a-t-il peur ?

Jonas ne veut pas aller galvauder la parole de l'Éternel au bénéfice d'un autre peuple.

Tous les autres prophètes avant lui fulminaient en direction du seul peuple juif. Ils se lamentaient sur son sort, annonçaient son avenir, déchiraient leurs vêtements en constatant son infidélité, défiaient ses adversaires et leurs princes. À Jonas, l'Éternel adresse cet ordre inouï : va dire ma parole aux Ninivites.

Si cette parole signe l'alliance de Dieu et de Son peuple, peut-il sans danger, sans trahison, sans blasphème, en faire la révélation à des barbares, à un autre pouvoir, à d'autres élites, à un peuple aujourd'hui étranger, peut-être demain ennemi ?

Lorsque commencent les aventures de Jonas, le dieu d'Israël est encore un dieu territorial, que le prophète réticent à prophétiser espère fuir en s'exilant. Il imagine qu'il sera hors de Son atteinte s'il s'éloigne suffisamment de Judée.

Sur le navire ballotté par une tempête qui s'est levée avec une soudaineté sans précédent, les marins qui transportent Jonas posent le bon diagnostic : non pas le danger ordinaire de leur métier et de leurs voyages en Méditerranée, mais l'évidence d'une intervention surnaturelle. Ils comprennent que l'un d'entre eux est la cible du courroux divin. Ils n'envisagent pas de tuer l'un des passagers au hasard, d'en faire le bouc émissaire de leurs angoisses. Ils ont invoqué leurs dieux respectifs, en une approche comparatiste, et constaté l'inanité de leurs prières.

Pendant qu'ils s'adonnent à cette étrange compétition théologique, Jonas sait Qui va l'emporter, et qu'il va perdre. Son silence pourrait provoquer la noyade de tous ceux qui le transportent et qui ne sont pour rien dans cette aventure. Alors, alors seulement, il se dévoile, il se revendique comme la cible de la colère de l'Éternel et le seul motif de la tempête. L'équipage vérifie, après l'avoir jeté à la mer et vu la baleine l'engloutir, que le calme revient aussitôt. La puissance absolue du dieu d'Israël est ainsi démontrée.

Après que Jonas s'est fait avaler, le dernier verset du premier chapitre signale la conversion des marins : « Ces hommes furent saisis d'une grande crainte du Seigneur, et ils offrirent un sacrifice au Seigneur, et firent des vœux. » (Jon, 1 : 16). Cette phrase est la seule du Livre de Jonas qui s'éloigne un instant de son héros pour s'intéresser à d'autres personnages. Même le roi de Ninive, après sa conversion, n'aura pas droit à un tel égard.

Ces matelots professaient jusqu'alors des religions diverses, précise le Livre de Jonas, et cette note ethnologique m'intrigue. J'imagine que le timonier adorait un dieu à tête de taureau, le mousse la grande déesse, le cuisinier la foudre et les éclairs, le bosco un panthéon de lutins inquiétants, et que le capitaine rendait un culte à ses ancêtres. Ayant vu la puissance du Seigneur — la tempête soudainement apaisée comme Jonas l'avait laissé entendre — ils se sont défaits de leurs convictions anciennes et ils ont cru.

Cette simple phrase, consacrée à des personnages secondaires, annonce la conversion des Ninivites et en amplifie le sens. Le Livre se détourne de son héros englouti pour revenir sur le navire, et prend le temps de suivre l'évolution de ces simples hommes de peine. Oui, eux aussi, eux d'abord, eux les premiers ont été témoins du miracle de la baleine engloutissant Jonas et le sauvant de la noyade, des flots ensuite apaisés, et se sont convertis.

Quelle que soit la religion d'origine, quel que soit

le statut social, quel que soit l'endroit sur terre ou en mer où l'Éternel Se manifeste, chaque homme peut être sauvé. Il S'exprime par des signes visibles — le calme revenu, la parole du prophète — et appelle tous les hommes.

Les simples matelots de ce navire ballotté par les flots, qui ne pensaient d'abord qu'à sauver leur peau, annoncent l'universalité du message divin. Par le hasard des quais et du passager embarqué, ils se retrouvent en première ligne. J'aime l'idée que Dieu adresse un signe d'abord à ces hommes dont le métier est de voyager.

La baleine de Jonas porte cette nouveauté scandaleuse : même ces marins de rencontre, même les Ninivites et leur roi peuvent être sauvés, s'ils entendent.

À la fin du Livre, l'Éternel n'est plus seulement le dieu des Juifs. Il est le dieu des Juifs, et de l'équipage d'un bateau quelque part en Méditerranée, et des Ninivites. Ces nouveaux convertis convertiront leurs proches : les matelots, d'autres matelots rencontrés en escale ; les Ninivites, les peuples vassaux ou alliés. Les matelots et les Ninivites, parce qu'ils ne sont pas juifs, peuvent bien plus aisément que Jonas propager de proche en proche la parole de l'Éternel, à leurs parents, leurs voisins, leurs amis, leurs enfants et ainsi de suite. Dieu est devenu viral.

Mais plus encore. C'est l'idée même d'une religion relative, non expansionniste, limitée à un peuple ou à une région qui a fait naufrage au spectacle de la baleine. Après Jonas, toutes les religions s'adressent au monde entier. Chacune se prétend exclusive, et se proclame la seule vraie foi.

Sur les bateaux contemporains, on trouve toujours des matelots de confessions différentes qui travaillent ensemble. Mais leurs dieux sont concurrents.

Toutes ces religions universelles décomptent les années depuis la vie de leur prophète respectif. Elles pourraient s'accorder sur un point au moins : choisir comme année zéro l'année de Jonas. L'année de la baleine.

Post-scriptum. Le 24 juillet 2014 à Mossoul, la mosquée de Jonas, datant du VIIIe siècle, ainsi dénommée parce qu'elle aurait abrité la tombe du prophète, a été dynamitée par les djihadistes.

41

Serrures

Les clefs des songes, dictionnaires des rêves et autre *Livre égyptien de songes*, qui dorment dans ma bibliothèque, ne manquent pas d'évoquer la baleine.

On m'opposera sans doute le manque de sérieux de telles publications, aux oracles contradictoires. Je suis prêt à en convenir et à m'incliner devant la statue de Sigmund Freud, mais Freud, sauf erreur, n'a jamais consacré la moindre ligne aux baleines, hormis peut-être aux baleines du corset maternel comprimant un sein jalousement entr'aperçu. Puisque ce prophète-là se tait, écoutons les pratiquants d'une autre doctrine, ou plutôt d'un autre discours plus modeste et toujours à voix basse.

Baleine :
— *qui vient vers vous : vous allez recevoir une bonne nouvelle ;*
— *que vous voyez : vous aurez des soucis inutiles dans une affaire ;*
— *blessée : vous vous êtes brouillé avec un ami sans raison valable ;*

— *vous tuez une baleine : vous désirez changer de vie ;*

— *vous harponnez une baleine : la chance va vous sourire ;*

— *vous percez une baleine : une abondance de richesses est en vue ;*

— *vous entendez le chant des baleines : on vous aime de loin.*

Ces éclats désordonnés — y a-t-il des droits d'auteur sur les rêves ? — me comblent.

Si les clefs des songes fournissent des réponses, c'est qu'il y a eu des questions. Sur les côtes plus que dans les montagnes ? Au milieu du XXe siècle ou de nos jours ? Peu me chaut. Je tiens là la preuve que d'évanescentes baleines flottent au-dessus de nos lits pour hanter nos rêves. (Point encore les miens, ou alors je ne m'en souviens pas, et d'ailleurs comment savoir ?)

D'après les mêmes sources, dont la fiabilité ne souffre désormais aucune discussion, les songes de morue ou de hareng renvoient à des préoccupations économiques, à la cherté de la vie, à l'équilibre des recettes et dépenses du ménage. La baleine se tient loin au-dessus de ces angoisses comptables. Les rêves où elle apparaît n'annoncent jamais de catastrophe ou de drame, de rupture ou de ruine. Ils apaisent, rassurent, rassérènent, consolent.

Ils n'ont pas de visage et pas de nom, ces obscurs commentateurs des rêves d'autrui, ces oracles notariés des réalités oniriques, ces scoliastes de la texture dont sont faits nos songes, ces docteurs de la foi d'une irrationalité radicale, ces timides explorateurs des continents qui s'évanouissent à l'aube… Chacun d'eux dans ses notes expertise le décor et l'aventure de nos nuits et, comme un haruspice romain lisait l'avenir dans les entrailles d'un bélier, propose de nos voyages intérieurs une explication unique, confuse et, au fond, assez terne.

La structure même de ces transcriptions appelle à les compléter, à l'infini. Leur rédacteur ne se promenait pas dans mon rêve, et son commentaire en dit au moins autant sur lui que sur moi. Je me sens donc autorisé, avec un arbitraire égal au sien, à exercer un art plus difficile encore : interpréter des rêves qui n'ont pas encore eu lieu.

Baleine :
— qui joue aux cartes sans vous : le voyage que vous espérez arrivera bientôt.

Maintenant que je sais fabriquer toutes les clefs dont je peux avoir besoin, il me faut trouver les serrures.

42

Défi

Vider la mer.

Enlever par seaux entiers toute l'eau qu'elle contient; veiller à ce que les fleuves ni les glaciers ne l'alimentent, et que la pluie se tarisse; consoler les nuages; vendre le sel.

Enlever les poissons, grands ou petits, comestibles ou non; les mérous et les raies, les requins et les sardines, les soles et les thons, et ces petits poissons gris et blanc qui n'ont de nom dans aucune langue et prospèrent dans les eaux troubles des ports.

Enlever les ports aussi, les pontons, les quais, les grues, les terre-pleins et les entrepôts, pour revenir au trait de côte originel.

Constater l'absence de vagues, de houle, de courants, de marées, de mascarets, de cyclones, d'icebergs.

Enlever les poissons encore, car il s'en cache dans les trous, dans le sable, dans les racines des palétuviers et à l'orée des égouts; indemniser les oiseaux qui s'en nourrissent.

Enlever les baigneurs, les nageurs, les pédalos, les planches à voile, les jeunes filles qui crient en entrant dans l'eau et les jeunes gars qui plongent pour les impressionner.

Enlever les bateaux, les barges, les barques, les pirogues, les radeaux, les porte-avions, les pétroliers, les baliseurs, les dériveurs, les yoles et les chalutiers.

Ne pas oublier d'enlever les sous-marins.

Enlever les crustacés, les étoiles de mer, les hippocampes, les crevettes, les oursins, les langoustes, et puis les coquillages, ceux qui nourrissent, ceux qui décorent, ceux qui piquent, ceux qui ne servent à rien.

Enlever les couchers de soleil sur la mer, les vrais et ceux des musées.

Enlever les déchets, les bouteilles en plastique, les cagettes, les flacons, les bouées abandonnées, les mégots, les casques, les gants, les pinces, les lunettes, tous ces objets cassés, jetés à l'eau, perdus, tombés par la facétie d'un coup de roulis.

Négliger les aquariums.

Enlever les épaves qui jonchent le fond des océans, gisant retournées, brisées, lamentables, depuis que le temps s'est pour elles arrêté.

Même si le corail prétend être un stérile rocher, l'enlever aussi.

Recueillir avec piété les corps des noyés, pour leur donner enfin une sépulture terrestre.

Enlever les câbles sous-marins, les filets, les palangres dérivantes, les bouées amarrées à des corps-morts, les pilotis, les ducs-d'Albe.

Rendre à la forêt le canal de Panama et au désert le canal de Suez.

Enlever les phoques, les otaries, les éléphants de mer, les dugongs.

Déniaiser les phares.

Enlever les bois flottés, les troncs des arbres de Sibérie qui glissent paresseusement dans les rivières puis dans l'océan et dérivent, blanchis, lissés, écorcés.

Effacer les rêves des hommes qui rêvent de la mer.

Ne pas omettre de recouvrir chaque volcan sous-marin d'un bouchon ou d'un couvercle infranchissable.

Enlever les algues, qu'elles soient d'infimes virgules vertes des lagons tropicaux ou de longues laminaires battues par les tempêtes australes; qu'elles soient dérivantes ou fixes, en boule, en filaments, ou qu'elles imitent la tenue d'un géranium dans un pot.

Faire disparaître le souvenir de ce qu'on appelait le mal de mer.

Enlever le plancton, les animalcules, les larves, les poussières et le sable en suspension.

Et lorsque le plancher de toutes les mers sera ainsi débarrassé et nettoyé de ce qui le cachait ou l'encombrait, admirer les baleines posées dessus.

43

Orques

Toutes les familles cachent l'existence d'un oncle ou d'un cousin qui a mal tourné. Ce Georges, ce Gustave ne figure plus sur l'arbre généalogique, son nom n'est plus jamais prononcé, son bannissement est absolu. Aux générations suivantes, faute de parvenir à faire parler des vieilles dames aux lèvres pincées, on ne peut plus qu'imaginer une affaire de mœurs, une condamnation au bagne, l'enlèvement scandaleux d'une femme mariée, un vol commis au détriment de l'affaire familiale et pour lequel nul ne porta jamais plainte… En tout cas une fuite au loin et dans l'oubli. Un bannissement absolu, dans l'ordre de l'intime. Un tabou aussi rigoureux que ceux prononcés par les grands chefs des tribus du Pacifique.

Dans la vaste famille des cétacés, le parent indéfendable est l'orque (*Orcinus orca L 1758*). On l'appelle parfois aussi épaulard, qui mixerait « épaule » et « espaart », vieux mot pour épée ; ou encore baleine tueuse, de son nom anglais *killer whale*. En latin, elle s'est vu un temps affubler du nom délicat d'*Orca gladiator*. Prédateur aux dents acérées, au sommet de la chaîne alimentaire, elle sait chasser en meute, elle ose s'échouer sur la plage le temps de se saisir de sa proie. Elle se nourrit d'animaux — otaries, marsouins ou baleines — que nous percevons comme sympathiques. Une attaque mortelle d'une orque sur un requin blanc, qui avait eu la mauvaise idée de vouloir faire d'un bébé orque son déjeuner, a même été observée. Dans l'océan Austral, les pêcheurs illégaux n'hésitent pas à abattre les orques à la carabine ou à l'explosif, tant ils redoutent leur concurrence efficace et féroce sur les palangres remontées. Dans l'univers de Tolkien et de ses épigones, l'orque désigne une créature guerrière et bornée.

Pire encore, ce cétacé s'est rendu coupable d'attaques sur l'homme. Dans les bassins des parcs d'attractions, où l'orque avec sa belle livrée noir et blanc doit jouer avec ses dresseurs, en général d'accortes blondes souriantes que le public applaudit, quelques cas sont recensés. Mais, comme lorsque au cirque le lion mange son dompteur, l'opinion lui trouve des circonstances atténuantes, voire prend son parti. Il s'en est produit en milieu naturel, en Antarctique : au début du XXe siècle — un groupe d'orques a tenté de faire se retourner un bloc de glace sur lequel se promenaient un homme et son chien — et au début du XXIe siècle — une scientifique anglaise qui faisait de la plongée sous-glaciaire a été victime d'une attaque et s'est noyée. Dans tous les cas connus, il n'est pas établi que l'orque ait eu l'intention de tuer ou, a fortiori, de manger l'homme. Mais en termes de réputation, le mal est fait.

D'autres cétacés s'en sont pourtant pris à l'homme. Ainsi, le 20 novembre 1820, en plein centre du Pacifique, un cachalot d'une vingtaine de mètres percute volontairement à plusieurs reprises le baleinier *Essex*, de Nantucket, qui venait de tenter de le harponner, et le coule. Des trois embarcations où se répartissent les vingt marins, une ne sera jamais retrouvée. Les deux autres errent pendant près de quatre mois, et les survivants ont été contraints à se livrer au cannibalisme. Huit hommes seulement ont pu raconter cette histoire, qui inspira directement Herman Melville. Mais les baleines ont-elles pour autant perdu la sympathie qu'elles inspirent ? Nullement. Seule l'orque est tenue pour un voyou.

D'ailleurs, lorsqu'un pâtissier recouvre une face d'une blanche meringue d'un nappage de chocolat noir, la silhouette fuselée et l'opposition franche des couleurs évoquent évidemment et seulement l'orque. Mais qui achèterait une friandise portant un tel nom ? Par euphémisme, elle est proposée sous le nom de baleine meringuée.

À l'évidence, les orques doivent repenser leur stratégie de communication.

Dans l'archipel des Crozet, à deux jours de mer des Kerguelen et de son usine abandonnée, l'île de la Possession est, depuis 1962, continûment habitée. Sur une vaste terrasse caillouteuse, la base regroupe une vingtaine de bâtiments disparates, qui font ensemble le gros dos pour résister au vent qui tombe des sommets. Elle est reliée à la baie US, ainsi dénommée en raison des campements qu'y installaient les baleiniers américains, par un vague sentier qui se parcourt en deux heures. De la plage, il longe la rivière des Manchots, jusqu'à trouver un passage à gué. Plus aucune trace ensuite, pour remonter raide sur l'autre versant, dans les mousses et les sphaignes. Le plateau, battu par les tempêtes, révèle par sa couleur noire l'origine volcanique de l'île. Les rafales y règnent sans partage, et la pluie les accompagne. Chacun marche à sa guise et s'invente des repères visuels, un rocher au profil de sous-marin émergeant, ou de courtine d'un château fort détruit.

Il faut ensuite redescendre à la mer, traverser de part en part une manchotière tout encombrée de poussins dans leur plumage tabac et de quelques éléphants de mer somnolents, et, indifférent à l'odeur musquée de ce poulailler en plein air, affronter un petit raidillon. La sente contourne le Morne Rouge, cône égueulé posé en vigie entre deux baies, et zigzague jusqu'à la large vallée de tourbières qui se termine par une plage de sable noir en pente douce, et une cabane. Trois chaudrons, destinés à la cuisson du lard des baleines dépecées, abandonnés depuis plus d'un siècle, attestent un passé révolu. L'île de l'Est, inhabituellement dépourvue de son écharpe de nuages, déploie là-bas ses montagnes acérées.

Lorsque commence la montée des premiers contreforts du Morne Rouge, la trace, à nouveau bien marquée, se fait pendant un instant en balcon au-dessus de la mer. Les eaux froides y miroitent, vertes, aux subtiles nuances d'émeraude. La houle océanique s'assagit dans le poids de très larges algues caoutchouteuses. Quand le soleil daigne y briller, cette piscine prend des délicatesses d'aquarium. Des otaries y jouent en tous sens, sous le regard des marcheurs.

Les orques patrouillent. Leur aileron noir, en forme de faucille, les signale de loin — et permet aux scientifiques de les identifier, de retracer des généalogies. Le blanc de leur ventre et de leur tête, brillants pour qui les regarde en surplomb, signe leurs déplacements. Elles ont la nonchalance de tigres au repos. Leur nage lente et experte fascine, comme si à chaque instant elles hésitaient à passer à l'attaque. Elles forment des familles autour d'une grand-mère chef de clan, et l'éducation des petits occupe tout leur temps. Dans ce champ d'algues, elles vont et viennent en un ballet tout de force retenue. Rien pourtant n'évoque la brutalité d'une attaque, la rapidité d'une prédation, ou cette étonnante capacité à s'échouer sur l'estran le temps de se saisir d'un juvénile d'éléphant de mer, puis, la proie encore gigotant dans la gueule, en deux coups de reins, de retourner en arrière à la mer. Les orques paressent, ou peut-être les mères, par leur jeu de poursuites, d'esquives et de fuites apprennent-elles aux jeunes les rudiments de la chasse.

J'aurais pu les contempler pendant des heures, tant cette danse féline, parfaitement réglée, toute de puissance et d'harmonie, recèle de force, de grâce et de tension. Elles n'évoluent pas pour mon contentement, mais selon leur bon plaisir. À les regarder, je vogue avec elles jusqu'aux glaces dérivantes en provenance de l'Antarctique, jusqu'aux abords de Madagascar, jusqu'au cap de Bonne-Espérance et aux courants froids qui remontent le long de l'Afrique. J'oublie les heures de marche, le bavardage de mes compagnons, le poids du sac, le jubilatoire inconfort de la cabane qui m'attend sur la plage, le vent à l'odeur de silex qui jamais ne cesse, l'étrangeté absolue de cet endroit sur la Terre… J'admire les orques et leur rends hommage.

Mais je sais pourtant que je dois repartir, vers la baie US, la base, le bateau, La Réunion, la métropole et ma vie d'avant. J'éprouve avec une douleur aiguë le sentiment d'apercevoir par effraction un spectacle qui ne m'était pas destiné et qui, sitôt le col passé ou le soleil caché, s'évanouira. Toute la beauté du monde est rassemblée en contrebas. Le fugace de cet instant parfait me poignarde.

Je disparaîtrai bientôt de ce paysage absolu. Les orques près de la côte y continuent leurs jeux pour l'éternité.

Lorsqu'une baleine sonde, la masse du corps et l'élan donné par la queue qui descend verticalement créent un vortex, un mouvement circulaire en entonnoir dont le centre est le point de fuite. Les vagues et la houle semblent pendant quelques minutes comme impuissantes devant l'impulsion ainsi donnée. Au milieu de l'océan apparaît une zone de calme, ridée de cercles concentriques, étale, sereine. Et puis peu à peu le mouvement général de la surface donne à nouveau le rythme et efface la parenthèse.

Cette bonace provisoire, ce lac rond parmi les vagues, révèle la plongée du cétacé. La vigie qui l'aperçoit peut espérer le voir ressurgir non loin, dans un ou deux quarts d'heure. L'animal, pour un temps compté, impose sa loi à la nature. Il a labouré la mer et y a laissé sa trace, un peu plus durable que le sillage d'un navire.

On l'appelle le pas de la baleine. Comme l'empreinte du sabot signale au chasseur le passage récent du cerf ou du sanglier, le pas de la baleine attire l'attention de l'homme, son prédateur et maintenant son admirateur. En forêt, la pluie, la boue, le vent, les feuilles finissent par effacer la passée du gibier. Le retour incessant de la vague fait de même pour le pas de la baleine. Plus furtif encore, il ne permet à quiconque de deviner par son observation attentive à quelle espèce il appartient.

La baleine n'a pas de jambe ni de pied, et pourtant elle a un pas. Le plus souvent, il reste inaperçu. Dans sa brève existence, il n'a été remarqué par aucun œil. L'océan a repris ses droits et son empire, et la baleine sa course sous-marine.

J'aime l'idée que la surface des flots soit ainsi constellée de souvenirs de pas, d'une absolue discrétion. Les bateaux naviguent, à l'insu de leurs capitaines et dans le silence des cartes, sur une constellation de traces évanouies.

Dans certaine montagne non loin du mont Blanc et de mon chalet, bien au-dessus des mélèzes, des barrages et des buvettes, on peut apercevoir sur une falaise des lignes parallèles de traces rondes.

Paléontologues et géologues ont remis la séquence à l'endroit. Ils ont su y voir vingt-cinq millions d'années plus tôt la mer tropicale, la plage humide, une famille de dinosaures marchant sur l'estran. Le sable exondé par quelque mouvement tectonique a séché, est devenu grès, la plage s'est faite alpe, s'est plissée, a basculé vers le ciel, les glaciers l'ont enfouie, protégée, puis se sont rétractés. Pour l'éternité, les pas du dinosaure et de ses petits se promènent ainsi à la verticale, peu avant l'éboulis aérien et le col. Par la même succession de hasards et de miracles qui ont imprimé la trace des bottes des astronautes sur la surface de la Lune, ces pas sont devenus éternels.

Les pas de la baleine n'auront jamais cet honneur ambigu. Ni cet orgueil. Éphémères, ils disparaissent. Comme des pas sur la neige quand il neige, vite effacés, et dont seul se souvient l'écho d'un piano lointain. Comme une virgule d'air marin, salé et iodé, que le vent transporte loin à l'intérieur des terres, vers les narines d'un passant subitement ému — un souvenir d'océan, qui contient tout un monde.

Qui aujourd'hui se soucie... 11

I. L'ANIMAL

1. Rires 17
2. Dents 20
3. Records 25
4. Sur la route de Saint-Pierre (21° 1' S. - 55° 14' E) 29
5. Classements 33
6. Rues 37
7. Jonas et le gros poisson 40
8. Échouages 48
9. Mains 51
10. En baie d'Hudson (55° 55' N. - 76° 48' O) 57
11. Charogne 62
12. Louvre 69
13. Vaches 73
14. En baie de Hienghène (20° 42' S. - 164° 56' E) 77
15. Tempêtes 82

16. Jonas et Jésus	85
17. Carte	90

II. LA CHASSE

18. Au Pays basque (43° 29' N. - 1° 34' O)	97
19. Épopée	103
20. Île Bouvet (54° 23' S. - 3° 21' E)	109
21. *Cher M. Melville...*	115
22. Appétits	124
23. Port-Jeanne-d'Arc (49° 34' S. - 69° 51' E)	127
24. Armoires	143
25. Diplomates	144
26. Port-Louis-Philippe (43° 48' S. - 172° 57' E)	149
27. Harpons	155

III. LE CIEL

28. Azur	159
29. Galaxie	164
30. Jonas et les abysses	170
31. Haïku	174
32. Au Muséum d'histoire naturelle (48° 50' N. - 2° 21' E)	175
33. Pantin	180
34. Chants	183
35. Âmes	189
36. Saint-Clément-des-Baleines (46° 14' N. - 1° 33' O)	192
37. Enseignes	196

38. Le cloître de Saint-Sauveur (43° 31' N. - 5° 26' E)   200
39. Licorne   207
40. Jonas et les dieux   210
41. Serrures   215
42. Défi   218
43. Orques   221

Lorsqu'une baleine sonde...   227

DU MÊME AUTEUR

Aux Éditions Gallimard

CE QU'IL ADVINT DU SAUVAGE BLANC (Folio n° 5623)
POUR TROIS COURONNES (Folio n° 5853)
LA BALEINE DANS TOUS SES ÉTATS (Folio n° 6223)
L'EFFROI

Composition Dominique Gaullaumin
Impression Maury Imprimeur
45330 Malesherbes
le 20 octobre 2016.
Dépôt légal : octobre 2016.
Numéro d'imprimeur : 213159.

ISBN 978-2-07-077219-3. / Imprimé en France.

297169